Saquê
a seda líquida

Dados Internacionais de Catalogação na Publicação (CIP)
(Câmara Brasileira do Livro, SP, Brasil)

Chaler, Antonio Campins
   Saquê : a seda líquida / Antonio Campins Chaler ; tradução Paulo Augusto Almeida Seemann. – São Paulo : Editora Senac São Paulo, 2012.

   Título original: Sake : la seda líquida.
   Bibliografia.
   ISBN 978-85-396-0197-4

   1. Saquê – Aspectos sociais 2. Saquê – História I. Título.

12-03487   CDD-641.23

Índice para catálogo sistemático:
1. Saquê : Bebidas destiladas   641.23

Saquê
a seda líquida

Antonio Campins Chaler

Tradução: Paulo Augusto Almeida Seemann

editora
senac
são paulo

ADMINISTRAÇÃO REGIONAL DO SENAC NO ESTADO DE SÃO PAULO
Presidente do Conselho Regional: Abram Szajman
Diretor do Departamento Regional: Luiz Francisco de A. Salgado
Superintendente Universitário e de Desenvolvimento: Luiz Carlos Dourado

EDITORA SENAC SÃO PAULO
Conselho Editorial: Luiz Francisco de A. Salgado
Luiz Carlos Dourado
Darcio Sayad Maia
Lucila Mara Sbrana Sciotti
Jeane Passos Santana

Gerente/Publisher: Jeane Passos Santana (jpassos@sp.senac.br)

Coordenação Editorial: Márcia Cavalheiro Rodrigues de Almeida (mcavalhe@sp.senac.br)
Thaís Carvalho Lisboa (thais.clisboa@sp.senac.br)
Comercial: Rubens Gonçalves Folha (rfolha@sp.senac.br)
Administrativo: Luís Américo Tousi Botelho (luis.tbotelho@sp.senac.br)

Edição de Texto: Maísa Kawata
Preparação de Texto: Augusto Iriarte
Revisão de Texto: Fabiana Camargo Pellegrini, Fátima Carvalho,
Luiza Elena Luchini (coord.)
Projeto Gráfico, Capa e Editoração Eletrônica: Fabiana Fernandes
Foto da Capa: Studio Annika – iStockphoto
Impressão e Acabamento: Ibep Gráfica Ltda.

Traduzido de *Sake: la seda líquida*
© Antonio Campins Chaler
© Gekkeikan Sake Co., Ltd. (fotos)
Nobuko Kihira (caligrafia)
© Editorial Zendrera Zariquiey, S.A.
Av. Marina, 25 – 1º andar – tel. 93.654.82.91
08830 – Sant Boi de Llobregat (Barcelona) – Espanha
www.editoralzendrera.com – info@editorialzendrera.com

Todos os direitos desta edição reservados à
Editora Senac São Paulo
Rua Rui Barbosa, 377 – 1º andar – Bela Vista – CEP 01326-010
Caixa Postal 1120 – CEP 01032-970 – São Paulo – SP
Tel. (11) 2187-4450 – Fax (11) 2187-4486
E-mail: editora@sp.senac.br
Home page: http://www.editorasenacsp.com.br

© Tradução brasileira: Editora Senac São Paulo, 2012

Sumário

Nota do editor 7
Apresentação à edição brasileira – Maria da Paz Trefaut 9
Sobre o saquê 25
História do saquê 31
Processo de elaboração 35
O arroz 47
A água 53
O koji 57
A levedura 61
Principais regiões produtoras 65
Os artesãos do saquê 69
Tipos de saquê 75
Notas de degustação 83
O ato de servir saquê 89
Saquê e gastronomia 93
Conservação do saquê 97
Principais adegas de saquê no Japão 103
O saquê no mundo 113
Outras bebidas alcoólicas japonesas 117
Processos bioquímicos na obtenção do saquê 123
Glossário 127
Bibliografia 135
Agradecimentos 137

Nota do editor

Saquê: a seda líquida apresenta um pouco da história dessa bebida milenar japonesa, seu processo de elaboração, os ingredientes, as principais regiões produtoras e como os saquês podem ser classificados de acordo com seu modo de fabricação.

Graças ao lendário perfeccionismo dos japoneses em cada etapa da elaboração, o saquê se converte em uma bebida tão delicada e cheia de sutis aromas e sabores, sem que seja necessária a inserção de conservante na bebida, justificando o grande prestígio que possui tanto no Japão como em vários outros países.

Para desvendar um pouco o mistério que envolve essa seda líquida, o Senac São Paulo oferece uma viagem cultural e gastronômica ao fornecer as informações necessárias para que sejam conhecidos os detalhes e os princípios da produção do saquê e toda a história que envolve essa bebida tão delicada.

Apresentação à edição brasileira

Como no Brasil tudo tende a ser superlativo e a mídia faz tudo para lançar tendências, de uns anos para cá já se fala em *saquemania*. É prematuro. Os especialistas da área sabem que ainda falta muito, mas muito mesmo, para que a cultura do saquê se difunda e que aqui se conheça o fundamental sobre a bebida. Por outro lado, os brasileiros, com a inventividade que os caracteriza, incorporaram o saquê ao drinque que é um dos maiores símbolos da imagem do país no mundo: a caipirinha. Assim nasceu a caipirinha de saquê, a saquerita, também conhecida como saquerinha ou caipisake.

Ela já ultrapassou fronteiras, aportou no Japão e tem adeptos não só entre os decasséguis. Talvez essa tenha sido, espontaneamente, a maior homenagem que o povo brasileiro prestou à convivência, de mais de um século, com imigrantes e descendentes de japoneses. De autoria desconhecida e fruto da criatividade nacional, o drinque, não por acaso surgiu e conquistou o país que abriga a maior população japonesa fora do Japão.

As primeiras saqueritas, elaboradas na década de 1990, eram comportadas. Levavam limão, açúcar e gelo – como manda a tradição da caipirinha –, apenas com a substituição da cachaça pelo saquê, assim como já havia acontecido no passado com a vodca. Com o tempo, o saquê passou a ser misturado a todo tipo de frutas, nos mais variados coquetéis, e deu origem a inusitadas combinações. Rapidamente, os drinques de frutas com saquê se tornaram sucesso em todo o país, em baladas e festas, e item obrigatório no cardápio de qualquer bar.

Mas o significado da saquerita vai mais além do que o fato de ser a adaptação de um drinque tão famoso. É uma invenção que traz em si outra inovação. Imagina-se que o Brasil foi o primeiro país a utilizar o saquê em coquetéis. Na história da coquetelaria japonesa, os drinques são habitualmente desenvolvidos com shochu – o destilado típico do Japão, produzido a partir de ingredientes variados: batata, trigo, arroz ou cevada.

Há quem diga que a saquerita, saquerinha ou caipisake, foi difundida graças ao *marketing* dos restaurantes e bares, que viram nela a possibilidade de oferecer um drinque de aceitação unânime com uma graduação alcoólica mais baixa do que a caipirinha. Vantagem evidente, já que permite ao cliente beber mais e ao restaurante, logicamente, vender mais. Se isso é verdade ou não, pouco importa. A saquerita não apenas foi bem-vinda, como já se transformou, com suas várias receitas e derivações, numa instituição da coquetelaria nacional.

A reboque da onda das saqueritas, o saquê chegou ao conhecimento do grande público. "A caipirinha foi a porta de entrada para as pessoas começarem a experimentar saquê puro", diz Ana Toshimi Kanamura, proprietária da Itigo Sake House, de São Paulo, que já fez vários cursos sobre a bebida e viaja o mundo sempre em busca de mais conhecimento. Formada em administração pela Fundação Getulio Vargas, ela fez um mestrado sobre o mercado de saquê. Percebeu que havia muito para desbravar e se dispôs a enfrentar a tarefa como pioneira.

Depois de um ano tendo contato direto com a clientela brasileira em seu bar de saquês, ela é capaz de apontar os prós e os contras da difusão do saquê em coquetéis. "A gente vê muito brasileiro dizer que não gosta de saquê porque acha a bebida doce e enjoativa. É porque ele sempre tomou com caipirinha. O saquê virou moda por meio da caipirinha. Isso tem suas vantagens porque divulga a bebida e faz os saquês nacionais, mais baratos, movimentarem o mercado pelos coquetéis. Com vantagens e desvantagens é uma forma de introduzir a bebida."

O trabalho de divulgação que ocorreu com o vinho há quarenta anos – aquele do vinho branco doce, de garrafa azul – está acontecendo agora com o saquê. Mas nessa comparação, Ana Toshimi Kanamura acha que o saquê tem um ponto fraco: "No vinho, depois que o Novo Mundo começou a produzir, os preços baixaram muito. Com o saquê isso não acontece. No máximo, a gente vai conseguir trazer alguns bons norte-americanos, que devem chegar um pouco mais baratos".

Seja como for, são os rótulos básicos que vão fazer a bebida se disseminar. Por conta disso, Ana acredita que depois da caipirinha, o público já está pronto para dar o segundo passo, que é conhecer o saquê.

Com a degustação estamos formando o mercado consumidor. É preciso fazer pela bebida o que se fez com o vinho, o que está se fazendo com a cachaça e com o café. Ao formar esse mercado, conseguiremos trazer mais marcas e aumentar a visibilidade da bebida. Por que hoje não há um monte de gente que faz isso? Porque não tem público. A gente descobre que muitos nisseis e sanseis não conhecem saquê porque isso não estava agregado à cultura familiar. Tanto que a maioria das pessoas com alguma noção conheceu essa bebida nos Estados Unidos, não no Japão. E são elas que buscam alguma coisa semelhante no Brasil.

A verdade é que mesmo com toda a propagação da caipirinha de saquê, o conhecimento do brasileiro sobre a bebida é quase nulo. Tanto que nos restaurantes e bares, mesmo quando se pede uma saquerita, a pergunta do garçom costuma ser sempre a mesma:

– Com saquê nacional ou importado?

– Importado de onde? E de que marca? – seria o caso de perguntar.

Mas poucos clientes fazem essa indagação. Tanto que a pergunta, frase clichê dos barmen e garçons em grande parte dos restaurantes japoneses espalhados pelo Brasil, se multiplica como a maior testemunha do grau de desconhecimento que ainda existe sobre a bebida. Seu significado é mais ou menos o mesmo do que alguém perguntar se você prefere uísque nacional ou importado. O que quer dizer saquê importado? Absolutamente nada. Porque há o de marcas boas, aquele que é feito no fundo do quintal ou, ainda, o que é produzido em quantidades industriais. Assim como o uísque, o saquê tem suas particularidades. Para escolher, é preciso saber a marca, as características.

Claro que esse tipo de pergunta não é frequente nos restaurantes com carta de saquês ou em locais com consumidores mais familiarizados com a bebida. Mas não deixa de ser curioso observar que, quando ela se coloca, por esnobismo e desconhecimento, a resposta muitas vezes costuma ser "importado". Ainda que o bebedor seja incapaz de distinguir a origem e as características da bebida que está no seu copo.

É por isso que alguns importadores dizem que o consumidor brasileiro ainda parte do "básico do básico": O que é saquê? E consideram a falta de conhecimento sobre a bebida como o principal entrave à sua difusão. O desconhecimento é geral e afeta também a colônia japonesa, tanto que a busca de informações tem levado até descendentes de imigrantes a investirem no estudo do saquê, explica Celso Ishiy, da Importadora Tadbras, que se tornou sommelier para dar um perfil mais moderno aos negócios da família.

> Há cinco anos comecei a perceber que não eram apenas os clientes que não conheciam sobre saquês, mas que a empresa também não estava capacitada para orientá-los. Tem muita gente no Brasil que acha que o saquê é a cachaça do Japão. As pessoas ainda não entenderam que é uma bebida única, que tem um processo de fabricação particular e características muito especiais.

Os brasileiros tentam apelidar, fazer um paralelismo para tentar entender e facilitar. O mesmo já não acontece com outras bebidas estrangeiras como uísque ou vodca. Todo mundo sabe que vodca é vodca e ninguém tenta comparar com nada.

Depois de se aprimorar em alguns cursos, Ishiy acredita que os Estados Unidos, onde há fábricas em vários estados, é o único país a possuir um saquê de qualidade considerável fora do Japão. A diferença começa na escolha do arroz, que é de uma variedade própria para elaborar a bebida. Na opinião dele, o Brasil ainda é um mercado imaturo, mas que tende a crescer muito. "A nossa percepção, ao longo dos anos, é de que as pessoas que gostam de vinho acabam gostando de saquê. Quando elas experimentam um saquê realmente bom, percebem a diferença."

Segundo Ishiy, mesmo no Japão a imagem do saquê mudou muito nos últimos setenta anos. "Embora fosse a bebida oficial dos xintoístas, utilizada em celebrações religiosas, era a cachaça dos japoneses: uma bebida rústica, consumida muito mais para esquentar o corpo e ficar alegre do que para apreciar." Mas se no Japão o saquê segue tendo um uso em cerimônias, os brasileiros foram introduzidos a esse mundo sem qualquer liturgia. Para nós, saquê é a bebida dos japoneses e pode ser bebida a qualquer hora. Ponto final.

A culpa é da cachaça

Com algumas diferenças, a evolução do conhecimento do saquê por aqui, de certa forma, acompanhou o *boom* da gastronomia. Mercado aberto e importação fácil foram responsáveis pela chegada de um número variado de marcas.

Mas não foi sempre assim. No início havia apenas saquê produzido no Brasil. O primeiro a ser difundido por estas bandas e até hoje o mais conhecido é o da marca Azuma Kirin, fabricado pela Tozan.

De acordo com a história contada pela própria empresa, tudo começa em meados de 1908 com a grande leva migratória de japoneses para o Brasil. Deste lado do mundo, desgarrados de sua cultura, os imigrantes sentiam grande dificuldade em se adaptar aos hábitos e costumes daqui, o que incluíam as tradições da mesa e do copo. Para se manterem unidos, os japoneses organizavam festas comunitárias com pratos adaptados, utilizando os ingredientes que encontravam, e embalavam brindes com a velha cachaça, a bebida típica brasileira. Acostumados ao saquê, que além de ser fermentado tem uma graduação alcoólica muito mais baixa do que o destilado de cana-de-açúcar, não se davam bem. Seja do ponto de vista do paladar ou da assimilação orgânica.

Foi por conta dessa incompatibilidade e do desejo da comunidade de ter aqui também o seu saquê que, em 1934, o presidente do poderoso grupo Mitsubishi, o barão Hisaya Iwasaki, enviou ao Brasil um representante cuja missão era dar os primeiros passos para a instalação de uma fábrica de saquê. Assim nasceu a Indústria Agrícola Tozan, em Campinas, no interior do estado de São Paulo, como uma ampliação da Fazenda Tozan que já existia havia sete anos. Em pouco tempo foi inaugurada a fábrica Azuma Kirin, que hoje produz vários tipos de saquê, do culinário ao Premium, para o qual utiliza arroz importado do Uruguai e máquinas trazidas do Japão. Tendo como propósito reproduzir sabores típicos da cultura oriental no Sudeste brasileiro, a empresa cresceu e passou a desenvolver outros produtos, sempre ligados à culinária japonesa, como molho shoyo e tempero para sushi. A Azuma Kirin tem cinco rótulos de saquê – Guinjo, Junmai, Karakuti, Dourado e Namazeke –, cervejas e um shochu.

Entre os saquês da empresa, os mais conceituados são o Namazake e o Guinjo, já duas vezes premiados num concurso internacional, o Monde Seletion. O Namazake é um produto não pasteurizado, e o Guinjo Premium, top de linha da empresa, é beneficiado por uma máquina importada do Japão, que utiliza apenas 60% do grão de arroz.

Apesar dos prêmios conquistados pela Azuma Kirin, o saquê nacional ainda não goza de grande prestígio entre os conhecedores. No Brasil, a marca mais vendida é a Gekkeikan, que vem da Califórnia, em quatro rótulos diferentes. Entre os saquês japoneses, o líder de mercado é o Hakushika, que durante muitos anos foi o único produtor do Japão a apostar no potencial de vendas no Brasil e a fazer uma ação planejada de *marketing*.

Desde o início da década de 2000, surgiram alguns pequenos produtores nacionais. Há duas ou três marcas novas. As mais expressivas em termos de mercado são Azuma Kirin e Jun Daiti, nome recente de um saquê produzido na Califórnia, cuja marca foi comprada pela Diageo, a maior empresa de bebidas Premium do mundo. Até 2010, a marca se chamava apenas Daiti e pertencia à gigante Sakura.

O Jun Daiti é o primeiro saquê a constar no portfólio de bebidas da Diageo e, por enquanto, só foi lançado no Brasil. A matéria-prima é californiana e parte do processo de produção é feito lá. Depois, o líquido vem para o Brasil em grandes tonéis onde é feita a última pasteurização e o engarrafamento. A Diageo não divulga números de produção e venda, mas a embaixadora da marca no Brasil, a sommelière especializada em saquê, Yasmin Yonashiro, afirma que o consumo da bebida no Brasil tem aumentado cerca de 30% ao ano, o que pode ser um indício para entender por que a marca teve aqui seu lançamento internacional.

Degustação, mulheres e izakayas

Embora existam poucas lojas especializadas, o comércio de saquê também experimenta um momento de crescimento. No bairro da Liberdade, em São Paulo, em fins de 2011 foi inaugurado o Kazu Saquê Emporium, uma adega mais sofisticada que pertence ao grupo importador Yamato. Na inauguração havia cem rótulos, entre saquê e shochu, mas a intenção do local é chegar a quatrocentos. Como importadora, a Yamato fornece saquê a vários estados brasileiros: Rio de Janeiro, Brasília, Amazonas, Paraná, Rio Grande do Sul e outros. Por enquanto, 70% da clientela da adega é composta de orientais, mas ela foi aberta visando o público brasileiro, explica a gerente.

No bairro da Liberdade também funciona a Adega de Sake, que oferece 75 rótulos e é veterana nesse tipo de comércio. À frente do negócio está o nissei Alexandre Tatsuya Iida que tem um blogue (papocomsake.blogspot.com) para difundir o conhecimento da bebida. Nas prateleiras, as garrafas estão organizadas pelas regiões produtoras: Akita, Hyogo, Aomori, Iwate.

Alexandre organiza degustações para pequenos grupos – entre cinco e dez pessoas – acompanhadas de jantar em restaurantes da capital paulista. "Falo um pouco de cultura e história, mas bem rápido, porque isso dá sono. Em seguida digo que o saquê é um bom hidratante para a pele, porque as meninas logo se interessam", comenta com humor. No blogue, ele mantém uma seção específica para mulheres.

> Antigamente, no Japão, as mulheres que entravam nos botecos para tomar saquê eram mal vistas. Hoje, elas saem do trabalho e vão para lá com as colegas. Há mulheres que entram na minha loja e anunciam: "eu bebo que nem homem" – então, normalmente, elas já não gostam de saquês doces, preferem os mais secos.

Quando decidiu trabalhar com saquê, em 2004, Alexandre encontrou muitas dificuldades.

> Eram poucos que conheciam, apreciavam, divulgavam. Não havia ninguém para explicar, não se encontravam livros nem órgãos consulares capacitados. Você pegava um livro de gastronomia japonesa e só duas páginas falavam sobre saquê. Então, comecei a pedir informações aos fabricantes. Mas todo o contato era em japonês, o que era uma grande barreira. Eu me comunicava informalmente e quando percebia, eles estavam respondendo em linguagem técnica, o que impossibilitava minha compreensão.

Logo depois de abrir a loja, Alexandre criou o *site* como uma espécie de ferramenta pedagógica. As pessoas passavam na rua e entravam na loja sem saber nada.

> Elas faziam muitas perguntas. E esse volume de informações que eu passava para cada cliente passou a tomar muito do meu tempo. Por outro lado, por mais atenta que a pessoa estivesse ela não tinha condições de digerir tudo aquilo de imediato. Por conta disso, passei a dizer para acessarem o *site* com calma e, só depois, tirarem as dúvidas.

Na última década, a busca por informações sobre saquê aumentou significativamente e, além do Japão, um destino para busca de conhecimento passou a ser os Estados Unidos, mais precisamente com o professor John Gauntner, considerado o mestre dos saquês. Ele é responsável pela formação de alguns (muito poucos) brasileiros na Sake Education Council. Um deles é o carioca Eduardo Preciado, dono do restaurante Minimok, com unidades no Leblon, Ipanema e Barra da Tijuca.

Preciado conta que o *slogan* do curso que seguiu era "No Stone Left Behind", no sentido de que não existe nada referente ao mundo dos saquês que ali não se tenha, ao menos, ouvido falar. Outro módulo do curso de Gauntner é ministrado no Japão e inclui, na carga horária, além de degustações, visitas às lendárias fábricas de saquê. Antes mesmo de visitar esses templos, Preciado incrementou as degustações no Minimok e, já com o que aprendeu em Nova York, incluiu na régua de saquês o Hakutsuru Sho-une Junmai Dai Ginjo, um Premium que, na opinião dele, está entre os 5% melhores produzidos no mundo.

Já em São Paulo, a grande moda são os izakayas (pronuncia-se izakaiás). Inspirados nas tabernas japonesas de mesmo nome, que fervem no *happy hour*, são bares de ambiente descontraído, com aperitivos e pratos para compartilhar. Há muitos anos existem na Liberdade, mas eram frequentados apenas pela comunidade japonesa.

Descobertos pelos brasileiros em 2010, os izakayas parecem uma tendência que veio para ficar. O mais novo é o

Ban, restaurante e izakaya do *chef* Massanobu Haraguchi, que fez seu nome no Miyabi e faz voo solo nessa casa da Liberdade. Na vizinhança do mesmo bairro, fica o izakaya de maior sucesso, o Issa, que é da mulher de Haraguchi, Margarida. Ela mesma cuida da carta dos saquês e dos petiscos.

A ideia do Issa é que todos os pratos combinem com a bebida que o cliente quiser tomar. Pode ser saquê, shochu ou cerveja. No cardápio há clássicos como shitake na manteiga, gyoza, atum fatiado e ovos com nirá (cebolinha japonesa) em pequenas porções. E também tempurá, anchova assada e catorze tipos de macarrão. Os mais pedidos são o bolinho de polvo e um tipo de pizza que mistura legumes, carne de porco, camarão, maionese e flocos de atum seco.

Os clientes começam a chegar por volta das 19 horas e conversam com Margarida em japonês. Só mais tarde os brasileiros, que atualmente respondem por 60% da frequência, aparecem. O espaço do Issa é pequeno, delimitado entre o balcão e um corredor estreito, onde há três salinhas com tatame. No passado, no mesmo endereço também funcionava um izakaya, que estava decadente e que Margarida comprou de olhos fechados, enquanto se divertia num *karaoke*. "Comprei sem saber nada. Nem sabia o que era um izakaya. Fui fazendo minhas comidinhas, os clientes gostaram e graças aos blogueiros e tuiteiros a casa está sempre cheia", conta.

A sansei Ana Toshimi Kanamura foi a primeira a levar o conceito de izakaya para fora da Liberdade, ao abrir a Itigo Sake House. "Eu vim para os Jardins porque queria um serviço mais rápido e um padrão que não há na Liberdade. A gente tenta ser mais amigável, não que os japoneses não sejam, mas há um jeito peculiar lá. Nós somos mais brasileiros."

A ideia inicial da Itigo era realmente ser um bar de saquês com petiscos para acompanhar. Mas os clientes começaram a pedir sushi e sashimi, a jantar em vez de beber, e o conceito foi se modificando. Com clima mais contemporâneo do que oriental, a Itigo tem trinta rótulos e oferece régua de degustação – o que os norte-americanos chamam de *sake flight*. Há dois tipos: a básica, com três doses de 50 ml da mesma categoria, e a top, com um básico, um Premium e um superPremium. "Vem gente para conhecer e tomar saquê puro pela primeira vez, então, a degustação tem caráter educativo, para as pessoas verem que saquê não é tudo igual."

Nos izakayas paulistanos não se vai apenas para beber, e a carta de saquês e shochu não é, necessariamente, o item mais importante. O equilíbrio entre o ambiente, a comida e a bebida é o que manda. E há quem acredite que esse é o melhor caminho. "No Japão há vários tipos de izakayas, desde o botequinho simples até o mais bem montado, e lá esse equilíbrio entre comida e bebida é bem dosado", compara o chef do premiado Kinoshita, Tsuyoshi Murakami, que não vê o lugar como destino de quem vai apenas para beber.

Certo ou errado?

Condecorado anos seguidos pelos prêmios gastronômicos mais prestigiados do Brasil, o Kinoshita é uma referência da excelência da comida japonesa em São Paulo. Ali foi construída a primeira adega de saquês de um restaurante da cidade. O fato foi fruto do desejo de trabalhar apenas com saquê japonês e consequência de uma viagem ao Japão para visitar produtores. "A gente tinha o desejo de servir o saquê na sua melhor temperatura e de armazená-lo da maneira correta, porque 70% do nosso saquê já vem resfriado, em câmera frigorífica", explica o dono do restaurante, Marcelo Fernandes.

Ele conta que selecionaram os saquês durante uma viagem ao Japão, depois de eleger os principais produtores, os que fornecem para os melhores restaurantes de lá — não necessariamente os *tops*, mas os mais antigos, com mais tradição. Mas quando Marcelo disse para um produtor, que vende para a primeira classe da JAL,* que queria ter esse rótulo de saquê em São Paulo, teve que se submeter às regras de armazenamento. "As condições de armazenamento da bebida foram uma exigência do próprio produtor e, por conta disso, viabilizamos a adega."

O desafio seguinte de Marcelo era introduzir esses saquês especialíssimos, daqueles produtores de *garage*,** para o consumidor brasileiro. Como isso aconteceu?

> O cliente do Kinoshita é um consumidor de elite, que não sabe de qual saquê gosta, mas sabe do que gosta. Ele também sabe que existem diversas categorias, que não conhece, mas está aberto para isso [...]

responde Yasmin Yonashiro, a sommelière do restaurante, especializada na bebida.

> Trabalho com treze rótulos, de diversos tipos e categorias. Procuro seguir a sensibilidade do cliente. Ele gosta de mais frutado? Mais seco? Mais suave? Qual é sua percepção? A partir daí, trago novos rótulos. Para os novatos no assunto, no primeiro contato, falo o que é saquê e explico sua versatilidade. Porque o brasileiro, de um modo geral, tem interesse pela bebida suave, fresca e mais leve.

---

* Companhia aérea japonesa. (N. T.)
** Bebida feita artesanalmente. (N. T.)

Nos restaurantes mais sofisticados ou nos bares especializados, os saquês costumam ser servidos em taças. Na Itigo Sake House, por exemplo, tanto a régua de degustação como os copos pequenos foram desenvolvidos sob medida seguindo modelos norte-americanos e japoneses. O brasileiro típico, que frequenta restaurantes orientais, aprendeu a tomar saquê no masu (copinho quadrado de madeira ou plástico), decorado em vermelho e preto com motivos japoneses. Assimilou, ainda, outro hábito bastante discutível: o de colocar sal numa das bordas do recipiente antes de sorver o líquido.

Para quem entende do assunto, esse é um pecado capital que impede a percepção do gosto da bebida. Conta-se que essa prática é secular e foi criada para disfarçar o sabor dos saquês de baixa qualidade. Ninguém sabe ao certo como esse costume aportou no Brasil. Fato é que se disseminou. E se para os conhecedores o massu contribui para estragar o sabor da bebida, para os leigos, o estranho é quando a bebida é servida em copos de cristal. A tradição do sal no massu é tão presente na pequena cultura brasileira de saquê que, mesmo diante de um copo transparente, o cliente pede que o sal seja trazido à mesa.

Hábitos assim só se modificam com o tempo, não há dúvida. Para que isso aconteça, é preciso profissional qualificado nos bares e restaurantes. Como no Brasil ainda não há nenhum curso de sommelier de saquê nas associações especializadas, são alguns importadores e entendidos que atuam na área de formação. Organizam cursos individuais para treinamento e qualificam garçons para trabalharem nos restaurantes que começam a introduzir a carta de saquês.

Outra questão polêmica na visão brasileira do mundo do saquê são as harmonizações. Muita gente acha que não é uma bebida fácil de harmonizar. Tornou-se lugar comum dizer que saquê e sushi não combinam. Por quê? Teoricamente, porque os dois são feitos com tipos de arroz diferentes e a junção provocaria uma briga de sabores. Mas essa visão está bem longe da unanimidade. O chef do Kinoshita, com todo o seu conhecimento de saquê e de sushi, discorda da tese. E justifica:

> Cada um tem um tempero de arroz. Acho que a combinação depende da escolha do saquê. O junmai, por exemplo, menos polido e mais barato, eu adoro. Se for para harmonizar, prefiro o shochu, mas acho que o junmai combina muito bem e pode acompanhar uma refeição do começo ao fim.

O problema, segundo Murakami, é que aqui acabou pegando a onda dos *tops*, como o Guinjo, que é o luxo dos saquês, e está entre os mais caros. Pelas informações que ele dispõe, esses saquês, no Japão, são servidos no aperitivo como *welcome* drinques, para boas vindas. Depois, as pessoas partem para um saquê mais leve e mais seco, para não enjoar, já que a comida japonesa usa muito açúcar.

> Com um saquê mais leve, particularmente, eu harmonizo qualquer prato. Agora, no caso dos mais fortificados, realmente não dá, seria como fazer uma refeição tomando vinho do porto. Mas pegou a onda aqui... o que fazer? A questão é que se alguém fala que essa é a pegada, todo o mundo vai junto. E são essas ondas que acabam definindo tendências na gastronomia.

Maria da Paz Trefaut
Jornalista, atualmente escreve sobre
gastronomia no jornal
Valor Econômico

Sobre o saquê

O saquê, cujo nome oficial e técnico japonês é seishu, é uma bebida alcoólica de origem japonesa, obtida a partir do arroz, de graduação alcoólica entre 15% e 22%.

Não há unanimidade quanto à etimologia da palavra japonesa *sake* (lê-se "saquê"); enquanto alguns filólogos afirmam que ela vem da raiz *sakaeru*, que quer dizer "florescer" ou "prosperar", outros dizem que vem de *sakeru*, palavra que pode ser traduzida por "evitar" ou "prevenir" e é consoante à antiga crença popular de que a bebida cura os resfriados.

A grafia "sake" – utilizada em muitos países ocidentais – não consta nos atuais dicionários da língua portuguesa, que apresentam apenas duas formas: "saqué" e "saquê". A primeira está presente em poucos dicionários, e o seu uso é raro entre os brasileiros. Já a segunda, "saquê", é a grafia adotada pela maioria dos dicionaristas, e o seu uso é amplamente difundido no Brasil, sendo, por isso, a forma utilizada neste livro.

Ainda que na elaboração dessa delicada bebida sejam utilizados apenas ingredientes simples, a técnica tradicional de produção do saquê é de grande complexidade, tendo como característica mais significativa a transformação do amido do arroz em açúcar fermentável por meio da ação do fungo koji-kin.

O saquê é uma bebida completamente natural, o que significa que jamais conterá sulfitos ou qualquer conservante.

Há quem erroneamente defina o saquê como vinho de arroz. Isso não é correto porque, qualquer processo de vinificação parte de uma fruta (a uva, na maioria dos casos) que contém açúcares naturais, e cujo suco, ou mosto, é transformado em álcool mediante um processo de fermentação natural. No caso da uva, o resultado é o vinho. No caso da maçã, o processo culmina com a obtenção da sidra.

Nos textos em língua inglesa sobre o saquê, costuma-se classificá-lo como bebida *brewed* e denominar de *breweries* as adegas ou as instalações de elaboração, equiparando-o à cerveja. Isso também é um erro, pois, como se sabe, na produção da cerveja, parte-se de um cereal (na maioria dos casos, a cevada) que não contém açúcares naturais, mas possui uma porcentagem elevada de hidratos de carbono. Esse cereal é molhado com água e deixado para germinar, pois assim os hidratos de carbono se transformam em açúcar; a germinação então é cortada tostando-se os grãos germinados por

Rótulo de um comércio dedicado à venda de saquê, por volta de 1912-1926.
Foto: Gekkeikan Okura Museum

meio de um processo conhecido como malteado; depois, eles são moídos e voltam a ser misturados com água, para que os açúcares se dissolvam nela; o líquido resultante é filtrado e deixado para fermentar, e a ele se acrescenta levedura de cerveja, obtendo-se uma interessante quantidade de álcool; por fim, o líquido é aromatizado com lúpulo, chegando-se, assim, ao produto final. Como o arroz é um cereal, seria possível reproduzir esse processo, mas o resultado final não seria saquê, e sim cerveja de arroz, que não tem nada a ver com a maravilhosa e deliciosa bebida que chega do Oriente.

A chicha, bebida pré-inca muito popular na América e elaborada a partir do milho ou da mandioca, ela, sim, tem, na sua versão mais ancestral, certo paralelismo com o saquê, pois os amidos contidos nas suas matérias-primas são submetidos a uma transformação prévia que os converte em açúcar, o que assemelharia, até certo ponto, o seu processo de elaboração ao do saquê.

Já na fabricação do pulque, aproveitam-se os açúcares naturais do suco do agave ou *maguey*; portanto, a sua fermentação não precisa de nenhum tipo de processo intercalado.

No Japão, o saquê é conhecido como nihon-shu, que quer dizer "álcool japonês". A palavra sake pode se referir a muitos outros tipos de bebidas alcoólicas locais; por exemplo, em Okinawa, denominam-se sake tanto as bebidas destiladas obtidas a partir do arroz quanto aquelas que procedem de outros ingredientes; no sul da ilha de Kyushu, a palavra sake também designa o licor elaborado com álcool de batata. Contudo, atualmente, qualquer nipônico entenderá por saquê a mesma bebida à qual os ocidentais se referem.

Asseguro ao leitor que o saquê é um dos melhores produtos gastronômicos e que, graças ao lendário perfeccionismo dos japoneses para escolher os melhores ingredientes e à extrema dedicação dos artesãos que o elaboram, ele chega a ser tão fino, tão delicado e tão cheio de aromas e sabores sutis, que resulta incomparável e digno de ser considerado uma das grandes bebidas do mundo.

Entretanto, o saquê ainda é um mistério para a maioria dos ocidentais. É por esse motivo que este livro se propõe a incentivar o leitor a conhecê-lo, consciente de que a experiência o levará a um mundo cheio de sofisticadas nuanças, e de que a seda e o nácar passarão a fazer parte da sua paleta de aromas e sabores.

História do saquê

A origem do saquê não é clara. Há quem afirme que ela se deu nos arrozais das margens do rio Yang-Tsé, na China, por volta do quinto milênio antes de Cristo e que o método de elaboração da bebida chegou ao Japão com as ondas migratórias do continente. Também há especialistas que dizem que o saquê começou a ser elaborado no Japão, a partir do século III a.C., quando o cultivo de arroz em terrenos úmidos e inundados se difundiu.

No princípio, o saquê era chamado de kuchikame no sake, o que, traduzido literalmente, quer dizer "saquê mastigado". Isso se deve ao fato de que as pessoas mastigavam arroz, glande (fruto do carvalho), castanhas ou painço, que depois eram cuspidos em um pote. A mistura se dulcificava porque as enzimas presentes na saliva transformavam o amido do arroz em açúcares; em seguida, essa misutra era fermentada juntamente com uma infusão de arroz fervido, o que a transformava em um saquê muito doce, de baixa graduação alcoólica, com aparência de mingau e que era consumido no mesmo recipiente no qual era elaborado. Havia uma lenda que dizia que o melhor saquê era aquele obtido com a saliva de donzelas virgens.

O método de produção desse tipo de saquê possui semelhanças com o da chicha de mandioca e o da chicha de milho (elaborada pelos aborígines norte-americanos), embora, na atualidade, fermentos sejam utilizados em substituição às enzimas da saliva, em ambos os casos. No século XIV a.C., os chineses também fabricavam uma bebida feita com o painço mastigado, a qual era utilizada em cerimônias religiosas; seis séculos mais tarde, um álcool de arroz, chamado de mi jiu, quase idêntico ao saquê japonês, gozou de grande prestígio entre as classes abastadas da China.

Centenas de anos depois, descobriu-se, possivelmente por acidente, a ação de um fungo, o *Aspergillus oryzae*, chamado em japonês de koji-kin, o qual contém enzimas que possuem a propriedade de transformar o amido do arroz em açúcar e cujos esporos são dispersos na natureza pelo ar. É provável que esse fungo tenha se propagado nos arrozais úmidos e que o arroz afetado por ele, ao ser fervido e misturado com água e leveduras naturais, produzisse um saquê original, pastoso e, talvez, um pouco azedo, mas que tinha a vantagem de o arroz não precisar ser mastigado e cuspido.

No século VII, o saquê já era uma bebida totalmente estabelecida e muito apreciada no Japão inteiro. No Palácio Imperial de Kyoto – Kyoto era a capital japonesa na época, onde se fazia saquê em grande quantidade –, a produção foi regu-

Antonio Campins Chaler

Processo primitivo de engarrafamento, cerca de 1910.

Fabricação industrial de saquê.

larizada e as técnicas de fabricação foram melhoradas. Mais tarde, na era Heian (794-1185), estimulou-se o desenvolvimento de novos e aperfeiçoados métodos, que permitiram a obtenção de saquês menos ácidos e com maior graduação alcoólica.

A produção do saquê tal como conhecida hoje em dia foi desenvolvida ao longo dos últimos quinhentos anos. Durante esse período, as técnicas foram constantemente aperfeiçoadas: descobriu-se como isolar e melhorar o koji-kin; desenvolveram-se e classificaram-se as melhores leveduras; aprimoraram-se os métodos de moagem e polimento do arroz; e descobriram-se as particularidades da pasteurização, o que aumentou o tempo de conservação do saquê.

Durante a Restauração Meiji, que começou em 1868, a produção do saquê foi liberada, e chegaram a existir 30 mil fábricas ou adegas japonesas, chamadas de kura em japonês. Diante dessa inusitada expansão, o governo passou a cobrar das fábricas elevados impostos, o que fez que a quantidade delas se reduzisse para uma quarta parte daquele número. Essas fábricas pertenciam a ricos proprietários de terras, que empregavam o excedente de arroz na produção de saquê – o que ainda é feito hoje em dia.

Em 1904, o governo japonês criou o Instituto de Pesquisas da Produção de Saquê; três anos mais tarde, realizou o primeiro concurso governamental de degustação da bebida.

A partir de 1989, primeiro ano da era Heisei (a era atual), o saquê se internacionalizou e a sua fabricação se expandiu para países como Estados Unidos, Austrália e muitos outros.

Processo de elaboração

O saquê é elaborado com um tipo de arroz que concentra todo o seu amido no centro ou núcleo do grão, o que permite separar facilmente esse núcleo das outras partes (componentes nitrogenados e gorduras, os quais desvirtuariam o produto final).

O arroz é moído, ou, para ser mais exato, polido, justamente para que essa indesejável camada externa seja retirada. Em japonês, a operação de polimento se chama seimai.

O polimento do arroz, que mesmo sem a casca tem uma cor escura, é feito com equipamentos que evoluíram bastante com o passar do tempo.

Antigamente, o arroz era manipulado em grandes pilões. Usavam-se paus ou bastões especiais para pressionar os grãos contra as paredes do pilão, desprendendo parte da ca-

O núcleo é obtido a partir do grão de arroz.

mada externa deles, em uma operação que requeria grande perícia do artesão.

Mais tarde, passaram a ser usados moinhos de água. Com isso, os moleiros eram poupados do esforço físico, mas a sua experiência ainda era requerida para que se obtivesse o núcleo de arroz adequado à elaboração do saquê.

Na década de 1930, foram incorporadas à produção máquinas elétricas automáticas. Elas culminaram na atual seimaki, controladas por computador e formadas por duas grandes pedras que giram em sentidos opostos, no meio das quais caem os grãos de arroz, que serão descascados. Essa operação é realizada lentamente e quantas vezes forem necessárias para que o núcleo do grão alcance um diâmetro condizente com a qualidade do saquê que se quer produzir. Quanto menor for o núcleo, melhor será a qualidade da bebida. Nos saquês de preço mais baixo, conhecidos como futsuu-shu, cerca de 20% do volume original do grão é polido; nos melhores daiginjo saquês, elimina-se até 75% do volume total.

Deve-se levar em consideração que a fricção eleva a temperatura do grão; ela tem de ser controlada a todo momento, pois pode alterar a qualidade do produto.

A camada externa que se desprende do núcleo se converte em um pó, ou farelo, chamado de nuka, o qual pode ser usado na produção de outras especialidades japonesas, por exemplo, biscoitos.

Efetuada essa operação, torna-se impossível que o grão germine e seja posteriormente maltado. A germinação e a maltagem do grão resultariam na obtenção de enzimas capazes de converter o amido e outros hidratos de carbono em açúcares suscetíveis de serem fermentados; por isso, o saquê segue um processo distinto, que faz dele único.

Uma vez obtidos os núcleos do arroz, eles são lavados com água, a fim de se retirar qualquer resto de nuka que tenha restado. Na sequência, os núcleos são umedecidos com água (operação conhecida no Japão como shinseki). No caso dos saquês comuns, os núcleos são deixados de molho durante uma noite inteira; já no caso dos saquês de alta qualidade, essa operação é feita em pequenas porções e de forma muito controlada, pois o passo seguinte, o cozimento a vapor dos núcleos, conhecido como jomai ou mushimai, depende em grande parte do estado em que se encontram os núcleos umedecidos.

Os núcleos de arroz devidamente encharcados são colocados em grandes recipientes, chamados de koshiki (tra-

Esta antiga gravura representa o processo de umedecimento do arroz.

dicionalmente, eles eram feitos de madeira, mas hoje são de aço inoxidável). No fundo do koshiki há buracos pelos quais se injeta vapor continuamente, tomando cuidado para que este entre em contato com todos os núcleos da maneira mais uniforme possível.

A seguir, os núcleos são resfriados rapidamente, sendo removidos com o uso de pás de madeira e, se necessário, arejados ao mesmo tempo com leques criados especialmente para isso.

Atualmente, as grandes fábricas de saquê, que produzem para o consumo em massa, colocam os núcleos de arroz em uma esteira que passa por zonas de vapor e de resfria-

Resfriamento do arroz após a vaporização.

mento automático, o que permite a obtenção de uma grande quantidade de arroz cozido em um curto espaço de tempo. Contudo, os métodos tradicionais continuam sendo utilizados pelas melhores adegas, fabricantes das melhores marcas de saquê.

A operação seguinte é a mais característica do processo de fabricação do saquê e aquela que o torna distinto de quase todas as outras bebidas alcoólicas existentes: a produção do koji.

O koji é o arroz cozido a vapor (segundo o método acima mencionado), sobre o qual se cultiva o fungo koji-kin, que tem a propriedade de desprender algumas enzimas que transformam o amido do núcleo do grão em açúcar fermentável.

O processo de obtenção do koji se chama seikiku ou koji-zukuri e dura aproximadamente cinquenta horas. Durante esse procedimento, há grande liberação de calor e, por isso, deve-se controlar constantemente a temperatura do recinto onde ele é realizado, uma sala especial chamada de muro. O aumento da temperatura poderia estragar o koji, do qual dependem largamente as características de aroma e sabor do saquê.

No muro, o arroz é disposto em bandejas ou caixas de madeira, em porções de aproximadamente duzentos quilos. Ele é polvilhado com esporos verdes do fungo koji-kin e deixado para repousar durante o tempo indicado. Essas bandejas são atentamente verificadas a cada duas horas e arejadas e mudadas de posição segundo o critério dos especialistas que trabalham na adega.

Vista de um muro, local
onde é produzido o koji.

A forma como os esporos atacam os núcleos de arroz – seja na parte mais externa dele ou penetrando até o seu centro – determina as características organolépticas do saquê, além da sua graduação alcoólica.

Apesar de cada kura ter seu próprio procedimento secreto de obtenção do koji, e, embora atualmente sejam empregadas técnicas automatizadas para produção em larga escala, as grandes marcas continuam utilizando os métodos tradicionais.

O koji obtido é misturado com o restante do arroz cozido a vapor, em uma proporção de aproximadamente 30% de koji para 70% de arroz. Essa proporção é suficiente para quebrar todas as cadeias de amido do arroz em cadeias mais curtas, os açúcares.

Leva de duas a três semanas para preparar o moto ou shubo, um iniciador de levedura elaborado em uma pequena tina, na qual são colocados arroz cozido a vapor, koji-kin, levedura, água e, desde há não muito tempo, ácido láctico, que protege a levedura de outras bactérias ou leveduras não desejadas, presentes no ar. O koji-kin quebra o amido do arroz, e, com esse nutriente e nesse ambiente ideal, a levedura se multiplica em grande intensidade.

O moto é transferido para uma tina de fermentação de dimensões maiores, na qual se acrescenta mais arroz cozido, mais koji e mais água, obtendo-se um mingau conhecido como moromi. A operação é realizada repetidamente por quatro dias. Os três ingredientes são acrescentados no primeiro, no terceiro e no quarto dia, formando o processo sandan shikomi. No segundo dia, em que nenhuma adição é

Lavagem do arroz.

feita, o moromi é posto para "dançar" (odori), a fim de que a levedura se propague adequadamente.

Passados os quatro dias, a mistura repousa e fermenta por um período que oscila entre 18 e 32 dias; nesse tempo, o açúcar do arroz mofado se transforma em álcool e dióxido de carbono por meio de uma reação singular, chamada de "fermentação múltipla e paralela" (heiko fukukakoshiki, em japonês). A fermentação se equilibra quando se atinge um nível de álcool de 20% – o saquê é a bebida fermentada com maior graduação alcoólica.

O momento de interromper o processo é muito importante, pois macerações longas demais podem dar ao saquê gostos estranhos ou aromas não desejados.

Uma vez fermentado o moromi, chega o momento de prensá-lo (procedimento conhecido como joso), o que permite separar a parte líquida, o saquê, dos sólidos restantes, o kosu. Para tanto, o moromi é colocado em sacos de algodão de 1 metro de comprimento, os quais são postos, por sua vez, em caixas de madeira tampadas, chamadas de funes, e que possuem um buraco na sua parte inferior.

O primeiro saquê que sai pelo buraco da fune sem que qualquer prensagem tenha sido feita é conhecido como arabashiri. O saquê mais apreciado, o nakadare ou nakagumi, é obtido lentamente, por meio de uma leve prensagem. Por último, realiza-se uma prensagem mais forte, modificando-

Preparação da massa principal do moromi.

-se várias vezes a posição dos sacos dentro da fune; o saquê resultante é conhecido como seme.

Atualmente, incorpora-se o uso de uma prensa em forma de sanfona, chamada de assakuki ou yabuta (nome da marca comercial mais conhecida desse equipamento). Nela, o moromi é bombeado para o interior do filtro; depois, um balão de látex é enchido, e sua pressão expulsa o líquido filtrado para o exterior. Esse método tem um rendimento muito maior do que o tradicional, mas os saquês mais apreciados continuam sendo aqueles obtidos com a fune.

Alguns dos saquês mais apreciados e caros são obtidos por outro método: os sacos de algodão cheios de moromi são suspensos no ar por uma corda, e o saquê goteja lentamente.

Após o líquido ter ficado dez dias de repouso, chega a hora da filtragem (roka). Nesse estágio, o saquê é um líquido opalescente e ainda contém elementos indesejáveis. Por isso, a ele se adiciona carvão pulverizado, que absorve as impurezas. Finalmente, passa-se tudo por um filtro: tanto o carvão quanto as impurezas ficam retidos nele, deixando o saquê transparente e puro.

Embora a operação de filtragem seja atualmente feita com filtros metálicos ou de cerâmica, os quais permitem determinar com exatidão o diâmetro das partículas, o método do carvão é o mais apreciado, pois, com ele, os artesãos do saquê conseguem adaptar a bebida ao gosto de cada kura ou de cada marca com base no tamanho das partículas de carvão, na quantidade delas e no tempo pelo qual elas são deixadas em contato com o líquido.

Se a filtragem for muito agressiva, resultará em um saquê neutro, sem personalidade, e servirá apenas para saquês baratos.

Entretanto, existe kura que elabora saquê sem filtragem: o muroka, que é muito saboroso, encorpado e elegante e no qual as nuanças do arroz e aquelas oriundas do processo de elaboração ficam especialmente ressaltadas. As variedades muroka têm se tornando muito populares entre os *gourmets* e degustadores de saquê. Além disso, recentemente, foram lançados no mercado saquês sem filtragem, diluição ou pasteurização, os geshu nama muroka, que são densos, turvos e cheios de sabores marcados e de forte paladar e olfato.

Finalmente, o saquê passa por um processo de pasteurização a 65 °C. Para isso, ou ele é colocado em uma serpentina de cobre submersa em água quente, ou, então, as garrafas são aquecidas depois de enchidas.

Essa operação é recente e visa à conservação do saquê. Antigamente, não se fazia nada parecido, e o saquê ficava com sabor e cheiro alterados após algum tempo; por isso, ele era consumido fresco, logo após a sua fabricação. Mas a experiência levou os artesãos a perceberem que a operação de esquentar o saquê a 65 °C, chamada de hi-ire, preservava as características dele por mais tempo, inclusive quando conservado em local não refrigerado. Sem saber, os artesãos já faziam uma pasteurização, processo que seria descoberto por Louis Pasteur muitos séculos depois.

O saquê não pasteurizado se chama namazake e deve ser conservado em ambiente refrigerado. A pasteurização pode ocorrer em diferentes momentos antes da sua comercialização, dependendo do processo escolhido por cada kura.

Para que cada fábrica obtenha a sua própria graduação alcoólica, é possível acrescentar água ao saquê, para abaixá-la, ou acrescentar álcool etílico, para aumentá-la. Os saquês nos quais se acrescenta álcool etílico não podem ser identificados como junmai (saquê sem adição de álcool).

O tempo de repouso entre a fabricação e o engarrafamento costuma ser de aproximadamente seis meses; esse tempo proporciona o realce das propriedades organolépticas do saquê. Ainda assim, naturalmente há marcas e kura que engarrafam a bebida logo depois de sua fabricação.

O arroz

Existem no mundo milhares de variedades de arroz. De todas, pouco mais de quarenta são adequadas à elaboração do saquê.

Como mencionado, o arroz usado para fazer saquê tem no centro do grão uma zona que concentra todo o amido do cereal, sendo que as proteínas, as gorduras e os aminoácidos – que devem ser eliminados, pois geram aromas e sabores pouco agradáveis e ressacas incômodas e ainda comprometem a pureza do saquê – ficam na parte mais externa dele.

O seimai, polimento ou moagem do grão de arroz, é uma das operações mais importantes da produção do saquê. As técnicas para realizá-lo, assim como os moinhos ou as máquinas usados para raspar os elementos que rodeiam o núcleo do grão, que hoje são perfeitamente conhecidos e dão orgulho às kuras mais notórias, foram, por muitos séculos, segredos muito bem guardados, que deram fama às adegas e regiões produtoras.

As diferentes qualidades do saquê dependem da quantidade de camada externa que é polida. No caso dos futsuu-shu, saquês simples e de baixo custo, o grão de arroz é deixado com 70% a 80% do seu tamanho original. Nos saquês de alta qualidade, o diâmetro inicial do grão é reduzido a até 60% do seu tamanho original. Nos prestigiados saquês ginjo e daiginjo, os núcleos residuais do grão têm respectivamente 50% e 35% do seu tamanho original.

A parte descartada do grão pode ser empregada na fabricação de outras bebidas alcoólicas de baixa qualidade ou na produção de doces, bolachas e aperitivos japoneses. Não é rara a utilização desses resíduos na composição de ração para animais.

Os japoneses não conseguiam suprir suas necessidades de arroz até após a Segunda Guerra Mundial, e, como esse cereal é um elemento indispensável à dieta nipônica, tendo importância equivalente à do pão na dieta ocidental, não puderam realizar produções de saquê em grande escala até há pouco tempo.

Além disso, por se tratar de uma bebida natural, que deve ser consumida fresca, foi preciso dominar as técnicas de pasteurização e refrigeração antes de estender o consumo da bebida para além das regiões que possuíam excedentes de arroz. Até então, o saquê era consumido somente nessas regiões e nos primeiros meses após a sua produção, que se dava no período de inverno, quando as baixas temperaturas e o ar limpo permitiam degustá-lo.

Kurabitos manipulando arroz
umedecido para fermentação.

Ainda hoje os saquês conservam características próprias de cada região produtora, de acordo com o clima e a gastronomia locais e o gosto particular dos habitantes.

O saquê produzido na região de Nada, que fica entre Osaka e Kobe, durante o período Edo (início do século XVII até final do século XIX), era uma exceção. Tratava-se de um saquê perfumado, que gozava de grande prestígio entre a casta dos guerreiros samurais, os quais o solicitavam em grandes quantidades, o que fez que as técnicas de fabricação melhorassem notavelmente. Embora o consumo do saquê de Nada tenha diminuído por causa da popularização de outras variedades da bebida, ele ainda tem um público fiel, pois é saboroso e possui muita personalidade.

Máquina para manipulação de arroz umedecido.

Como mencionado, há cerca de quarenta variedades de arroz adequadas à elaboração do saquê, e cada uma delas confere um buquê e um aroma característicos – assim como um tipo de uva está na origem do caráter do vinho que a contém. Os tipos de arroz mais empregados atualmente são:

- **Yamada nishiki**. É cultivado em Hyogo, Okayama e Fukuoka. Conhecido como o rei dos arrozes para saquê, é fragrante, de sabor suave e sedoso, e está presente na fabricação de quase todos os saquês daiginjo produzidos no Japão.
- **Omachi**. Arroz típico de Okayama. Em geral, ele é menos fragrante que o yamada nishiki, mas contém elementos gustativos mais intensos, principalmente em razão dos elementos minerais presentes no arroz. O omashi é

considerado por alguns especialistas o legítimo arroz do Japão. Ele é utilizado na fabricação de diferentes tipos de saquê, em todo o país.

- **Hatta nishiki**. Arroz tradicional de Hiroshima. Ele dá origem a saquês de variedades muito distintas – que vão do doce ao extrasseco – e untuosidade deliciosa, com um toque selvagem e natural. O hatta nishiki possui um potente retrogosto e uma ampla gama de sabores minerais.
- **Gogyakumangoku**. É típico de Niigata, Fukushima, Toyama e Ishikawa. Origina saquês aveludados, secos e ligeiramente aromáticos.
- **Miyama nishiki**. É cultivado em Akita, Yamagata, Miyagi, Fukushima e Nagano. Ele dá origem a saquês pouco secos e, consequentemente, com alto grau de sabor de arroz e muita presença na boca, mas não muito fragrantes.
- **Oseto**. É cultivado na região de Kagawa. Os produtores utilizam apenas essa variedade exclusiva de arroz nos seus prestigiosos saquês, que são muito selecionados e completos e apresentam complexas notas de terra.
- **Kame nº 0**. É cultivado em Niigata e Yamagata. Ele dá origem a saquês com certa acidez natural, que costumam ser plenos e possuem uma ampla gama de buquês e aromas.
- **Dewa san san**. É cultivado na mesma região que o kame nº 0. O dewa san san produz bebidas com algumas características elegantes, percebidas mais pelo paladar do que pelo olfato. Ligeiramente doces, esses saquês são

conhecidos pelas típicas etiquetas azuis presentes nas suas garrafas.
- **Tamakazae**. É cultivado em Tottori e Shiga. O tamakazae é um arroz exclusivo e difícil de encontrar. Dele, é feito saquês de grande complexidade, sedosos e agradáveis.

Ainda que o arroz seja um dos elementos mais determinantes para a definição das características do saquê, há outros muito importantes, como a água, a levedura, a zona de produção e o método de elaboração. É a mescla de todos eles que dá a personalidade de cada marca e variedade.

A água

Embora o saquê seja um produto aparentemente simples e fácil de ser feito, a sua elaboração é resultado de uma experiência milenar de prova e seleção dos melhores ingredientes, cada um dos quais propicia incontáveis variedades, e cada uma delas, por sua vez, possui características próprias. A água, como não podia deixar de ser, é a origem de muitas das especificidades das distintas marcas de saquê.

Atualmente, a água corrente é usada principalmente em limpeza e no cozimento de alimentos, quando a qualidade da água não é um fator muito importante. Basta cheirá-la quando sai da torneira para verificar que isso não é nenhum absurdo. É impossível fabricar com água corrente algo tão delicado como o saquê, pois o aroma, a fragrância e a pureza do sabor da bebida poderiam ser arruinados completamente.

Na fabricação de saquê, são necessárias grandes quantidades de água. Primeiro, o arroz é lavado, enxaguado e umedecido. Depois, inicia-se o processo de cozimento a vapor. Durante a fermentação do moromi nos tanques, é preciso acrescentar água constantemente, assim como nas sucessivas adições de arroz, koji e leveduras. Por fim, pode-se acrescentar água pura ao saquê, caso a graduação alcoólica dele esteja demasiadamente alta e se queira deixá-la em aproximadamente 16%.

Na composição final do saquê, há mais ou menos 80% de água, sendo que, durante o processo de fabricação, empregam-se para cada porção de arroz, cerca de trinta porções de água.

Em razão da grande quantidade de água na elaboração do saquê, os mananciais e as fontes naturais de água mineral das regiões produtoras de saquê têm enorme importância para o prestígio e a qualidade da bebida. Antigamente, mesmo antes que fossem feitas análises químicas da composição da água, ou que se concebesse a possibilidade de fazê-las, já havia saquês que gozavam de grande reputação entre as classes dominantes, como é o caso do saquê Miyamizu, produzido com água do monte Rokko, na província de Hyogo. Hoje se sabe perfeitamente quais elementos, e em que proporção, deve conter a água ideal para a fabricação do saquê.

Entre os elementos mais benéficos para o saquê estão o magnésio, o potássio e os fosfatos, os quais proporcionam uma rápida transmissão dos efeitos das leveduras no processo de fermentação e ajudam na consolidação do fungo koji-kin. Sem esses elementos, não seria possível controlar o processo, pois as suas distintas fases se prolongariam, e a

Água pura, obtida em uma fonte.

qualidade do saquê ficaria sujeita a fatores externos, como o clima e a manipulação.

Assim como há elementos benéficos, também há elementos claramente prejudiciais. Por exemplo, o ferro escurece o saquê e retira dele fragrância e sabor; já se houver manganês na água, a bebida perderá o seu brilho e adquirirá uma aparência fosca e embaçada, principalmente sob a ação dos raios ultravioletas do sol.

Geralmente, os fabricantes de saquê obtêm água de mananciais próprios ou de profundos poços. A água de riachos ou de lagos de montanha, ainda que muito pura, não é tão utilizada, pois a sua composição pode sofrer mudanças. Os fabricantes da região de Meisui ("águas nobres") afirmam que o segredo da excelência dos seus saquês está nas águas usadas na elaboração destes.

Naturalmente, na atualidade, é possível obter água de composição apropriada a partir da água bidestilada, em que são acrescentados todos os elementos necessários e na proporção adequada, mas os saquês obtidos a partir de reservas de água naturais têm um valor acrescido e são os mais apreciados.

Não importa se são empregadas "águas duras" (kosui) ou "águas moles" (nansui): é possível fazer saquês de grande qualidade com ambas. Os japoneses dividem a água em águas fortes (tsuyoi mizu), que podem ser equiparadas às águas duras, e águas brandas ou fracas (yowai mizu). Tanto as águas fortes como as brandas são adequadas para a fabricação de saquê, embora a utilização de águas brandas torne a duração de algumas fases mais prolongada.

É comum que nas etiquetas das melhores marcas conste o tipo de água com que o saquê foi fabricado.

O koji

O arroz é um cereal rico em amido, que se concentra especialmente nos núcleos dos grãos utilizados na produção do saquê. Mas esse amido não pode ser convertido diretamente em álcool por meio da fermentação natural; primeiro, é preciso transformá-lo em açúcar.

Isso é conseguido graças à ação do koji-kin, que produz enzimas capazes de atacar, degradar e quebrar a cadeia de amido, um polímero muito comprido e complexo, reduzindo-o a açúcares suscetíveis de serem fermentados pelas leveduras e, posteriormente, transformados em álcool etílico.

Apesar de ser uma bebida fermentada, o saquê koji-kin apresenta uma grande diferença em relação ao vinho, já que a fermentação da uva, cheia de açúcares, é produzida de forma natural, e à cerveja, pois a maltagem, processo de ger-

Obtenção do koji.

minação e torrefação do grão do cereal, resulta nos açúcares necessários para a fermentação direta.

O koji também é empregado na produção do missô, pasta de soja fermentada usada na produção de muitas sopas e receitas culinárias japonesas, do popular molho de soja e do amazake, um edulcorante natural japonês que nasce da ação desse fungo sobre o arroz, o painço e outros cereais. Além disso, há outras bebidas alcoólicas asiáticas que o requerem na sua elaboração.

Na fabricação do saquê, são aproveitadas as propriedades enzimáticas do koji-kin; os seus esporos de cor verde-escuro são "plantados" no arroz cozido a vapor, para transformarem o amido em glicose, que posteriormente será convertida em álcool e outros açúcares não fermentáveis – estes últimos dão aos saquês distintas gamas de sabor e personalidade.

A obtenção do koji-kin é um dos passos mais importantes na produção do saquê. O fungo é cultivado em bandejas de madeira cheias de arroz cozido a vapor, colocadas em recintos especiais da adega, os muros, sob condições bem controladas de luz e temperatura. O arroz mofado recebe o acréscimo de água e levedura, sendo posteriormente colocado nos tanques de fermentação, para que o processo de produção tenha início.

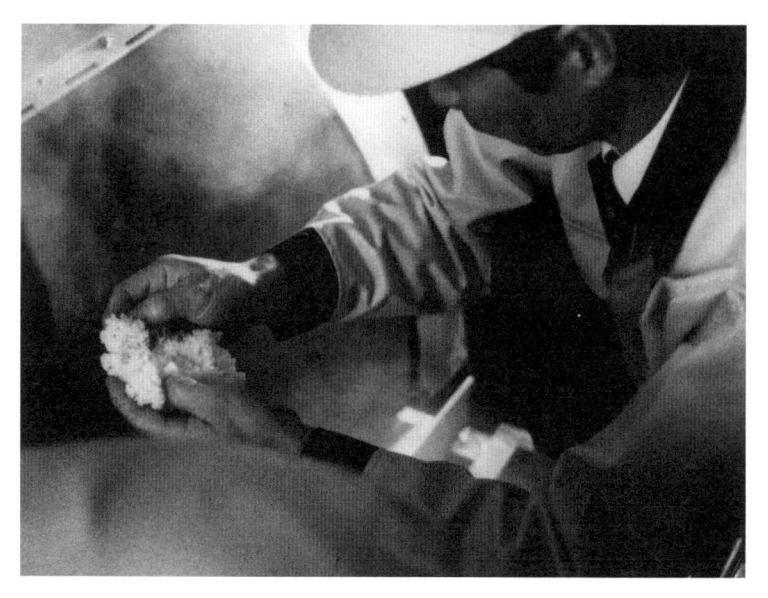

Comprovação da qualidade do koji.

A obtenção do koji leva cerca de quarenta horas. Durante esse período, especialistas vigiam constantemente o desenvolvimento da "proliferação", aproveitando ou reduzindo, conforme necessário, o calor gerado no processo. Outros fatores, como a variedade do arroz, o pH e o tipo da água, podem influenciar na qualidade do fungo. No final desse processo, os grãos de arroz ficam cobertos por uma camada branca, apresentam sabor doce e expelem um delicado aroma de avelãs.

Como já foi mencionado, atualmente, empregam-se máquinas automáticas na produção de koji, o que possibilita a fabricação industrial de saquê para consumo em massa. Entretanto, as marcas e adegas mais qualificadas continuam obtendo o koji pelos métodos tradicionais.

A levedura

A levedura é composta de fungos microscópicos que têm a capacidade de transformar os hidratos de carbono de determinado substrato em álcool e outros elementos químicos. Ela é a responsável pela fermentação, pela graduação alcoólica e por muitos dos aromas e sabores que tornam singular o saquê.

Apesar de as leveduras serem encontradas no ar, para obter uma bebida controlada e perfeita deve-se adicionar o tipo de levedura adequado a ela, ainda que somente como iniciador do processo de fermentação. Existem especialistas em seleção, isolamento e desenvolvimento de leveduras para saquê, assim como existem peritos em leveduras apropriadas à fabricação de pão ou cerveja.

Antigamente, cada fabricante de saquê tinha a sua própria linhagem de levedura, que era obtida de forma natural e proporcionava a ele um saquê característico, ano após ano. Já a partir do início do século XX, a Associação dos Fabricantes de Saquê, no Japão, começou a obter linhagens de leveduras puras, que haviam sido isoladas nos melhores tanques de produção do país. Essas linhagens foram classificadas, estudadas, numeradas e distribuídas entre os fabricantes, em pequenos recipientes de cristal.

Algumas leveduras são mais populares que outras. A variedade número 7, desenvolvida pela adega Masumi, de Nagano, age de forma potente e constante no processo de fermentação, conferindo aos saquês um aroma doce e suave.

A variedade número 9 é a mais utilizada na produção de saquês ginjo-shu, conferindo-lhes uma extensa paleta de aromas.

Moto ou shubo: iniciador da levedura.

O moromi é a mistura de moto, arroz, koji, água e levedura.

A variedade número 10, ainda que tenha uma ação fermentadora fraca, especialmente sob temperaturas baixas, resulta em saquês muito sutis e de pouca acidez.

A variedade número 14, desenvolvida recentemente, resulta em saquês com baixa acidez e intensos aromas de manga e maçã madura.

Obviamente, há em determinadas regiões alguns fabricantes – os quais têm cultivos de arroz muito específicos e mananciais de água característicos – que ainda possuem linhagens de levedura próprias, as quais tornam os seus saquês únicos.

Mais recentemente, foram desenvolvidas linhagens de leveduras que não geram espuma durante o processo de fermentação, o que faz que elas sejam muito apreciadas por alguns fabricantes. Elas podem ser reconhecidas pela adição do número "01" após o número da variedade da levedura – como, por exemplo, em "701" ou "901", variedades muito populares. Os puristas dizem que os saquês obtidos com leveduras que não produzem espuma não têm a mesma qualidade dos tradicionais, mas a diferença entre eles é muito difícil de ser percebida na degustação às cegas.

Embora a nomenclatura numérica seja a mais utilizada pelos técnicos, as leveduras também são conhecidas pelos seus nomes originais, que homenageiam a região ou a adega nas quais foram desenvolvidas.

O constante desenvolvimento de novas linhagens de leveduras nos permite experimentar inéditas e surpreendentes variedades de saquê ano após ano. Nas etiquetas das garrafas das melhores marcas consta a variedade da levedura, o que possibilita classificar os saquês de acordo com o tipo de levedura empregado na sua elaboração.

Principais regiões produtoras

O saquê é fabricado em diferentes regiões do Japão, sendo que cada uma delas produz variedades da bebida peculiares e de caráter próprio. Entretanto, nem todos os saquês de uma mesma região têm as mesmas características (embora seja assim na maioria dos casos), pois algumas kuras e marcas se afastam do estilo local para elaborar um saquê próprio ou para se dedicar a um produto voltado para o consumo em massa e, muitas vezes, sem personalidade.

Há fatores naturais — como a variedade do arroz, a qualidade da água, a idoneidade da levedura e a qualidade do processo de obtenção do koji-kin — que são determinantes para o produto final. Mas não se pode esquecer que há outros aspectos que também têm grande influência sobre a singularidade do processo de produção, como a gastronomia regional, à qual o saquê deve se adaptar, ou os procedimentos de associações ou cooperativas de fabricantes de saquê.

Segundo alguns especialistas, o saquê do leste é mais seco, e o do oeste, mais doce, embora outros prefiram dizer que os saquês do sudoeste são redondos, gordurosos, aromáticos e complexos, enquanto aqueles que provêm de regiões mais ao oriente e mais ao norte são elegantes, finos e bem estruturados.

As principais regiões produtoras dos saquês são:

- *Akita*, situada no extremo noroeste da ilha de Honshu. Conta com uma água excelente para a elaboração de saquê, possivelmente graças às jazidas de carvão do subsolo, e com algumas variedades de arroz de altíssima qualidade. Os seus saquês são sutis e muito elegantes.

- A região de *Fukushima*, voltada para o "sol nascente" (leste), na parte norte da ilha de Honshu, elabora saquês muito diferentes entre si, graças à variedade do seu clima (ela possui três sub-regiões climáticas muito diferenciadas), mas que têm como denominador comum certa sutileza e elegância, além de um toque de mistério e uma grande complexidade de notas.

- Na província de Hyogo, na costa sudoeste da ilha de Honshu, encontra-se a região produtora *Nada*, cuja capital é Kobe. Nela, elabora-se mais de 30% da produção nacional de saquê, possivelmente porque possui as melhores águas e, mais importante, porque possui um grande porto, facilitando o transporte dessa produção. Os saquês de Nada são robustos, secos e apresentam grande potência na boca; eles têm um notável retrogosto, embora falte-lhes um pouco de aroma.

- A província de Kyoto engloba a região de *Fushimi*, na qual se encontram algumas das maiores adegas japonesas. A sua água também é famosa pela qualidade. Os seus saquês, facilmente transportados para Tóquio por ferrovia, são muito populares. Eles costumam ser saborosos, suaves, aveludados e plenos.

- Antigamente, a região meridional de *Hiroshima* foi uma zona de produção muito importante, merecidamente famosa pelos seus descobrimentos tecnológicos relacionados à elaboração do saquê, assim como pela qualidade destes. Hoje, produz saquês encorpados, frutados e ligeiramente doces.

- *Niigata*, situada na costa ocidental, junto ao Mar do Japão, é outra famosa região produtora de saquê. Os seus mestres são muito dinâmicos e contribuíram em grande medida para a difusão do saquê e do correto conhecimento sobre ele. As suas elaborações, elegantemente secas, são célebres pela transparência, pelo brilho e pelo caráter bem definido.

- A região de *Fukuoka*, situada na parte norte da ilha de Kyushu, produz saquês deliciosos e bem equilibrados, com intenso sabor de arroz.

- O saquê da região de *Kochi*, situada dentro da ilha de Shikoku, é considerado um dos mais secos do Japão. Tem grande presença na boca, sentida por um bom tempo depois de se ingerir um gole.

- O Japão conquistou o mundo com o preparo de pescados, destacando-se o sushi e o sashimi. Para acompanhar esses pratos, são ideais, sem dúvida, os saquês produzidos nas regiões de *Shizuoka* e de *Miyahi*, ambas situadas na costa oriental da ilha de Honshu, pois são saquês muito agradáveis na boca, especialmente saborosos, equilibrados e de baixa acidez, o que permite captar as sutis notas do vinagre de arroz do sushi.
- *Nagano*, no centro da ilha de Honshu, é uma região que produz saquês leves, sedosos e muito perfumados. A sudoeste, situa-se a região de Shimane, que produz saquês com notas de avelãs e sementes de abóbora.

É preciso dizer que todas as províncias do Japão, com exceção de Kagoshima, produzem os seus próprios saquês. Talvez nem todos eles tenham características tão marcantes quanto os saquês das regiões listadas, mas deve-se experimentá-los, pois verdadeiras joias podem ser descobertas nos lugares e momentos mais inesperados.

Os artesãos do saquê

As adegas de saquê são chamadas, em japonês, de kura; dessa palavra, derivam kuramoto, responsável ou proprietária da adega de saquê, e kurabito, que serve para designar a pessoa que trabalha nessa adega.

Assim como nas adegas de vinho existe um enólogo, responsável por definir o caráter da produção e das diferentes marcas, nas kuras há um especialista, o toji, que, com seu saber e sua habilidade, dá personalidade às diferentes etiquetas de saquê.

Os tojis – que devem possuir certos talentos inatos – desenvolvem habilidade e conhecimentos em escolas especializadas, as ryuhas. Em todo o Japão, elas são pouco mais de vinte. Entre as mais famosas, estão: a Tajima Toji Ryuha, de onde saem os tojis da região de Nada; a Nambu Toji Ryuha,

Tradicional kura produtora de saquê.

talvez a maior e mais prestigiada de todas as escolas, que fica localizada em Tohoku; a Akitsu Toji Ryuha, de Hiroshima; e a Echigo Toji Ryuha, de Niigata. Dessas escolas saíram os especialistas em saquê que, atualmente, estabelecem as tendências do mercado.

Antigamente, as escolas guardavam a sete chaves seus segredos de fabricação da bebida, mas, hoje, os proprietários e os tojis das diversas regiões produtoras compartilham conhecimentos em prol da qualidade e da difusão da cultura do saquê.

As ryuhas não possuíam livros. Os seus ensinamentos eram sempre práticos e baseados na observação, pelos alunos, dos mestres e de outros tojis mais experientes. Portanto, não existiam regras escritas, e os métodos de elaboração eram tão numerosos quanto os do toji. Naturalmente, essa situação mudou substancialmente; pois os tojis adquirem nas ryuhas não só o conhecimento basilar, a partir do qual desenvolvem as suas habilidades, como também amplos conhecimentos de química, biologia e engenharia.

Atualmente, os tojis de maior prestígio são verdadeiras estrelas da mídia, e a sua fama muitas vezes transcende as fronteiras nipônicas.

Como geralmente o saquê de maior qualidade é fabricado no inverno, nessa estação os kuramotos contratam os melhores tojis, que costumam ter a sua própria equipe de kurabitos, formada por trabalhadores experientes e de total confiança do especialista.

No restante do ano, os tojis normalmente trabalham como granjeiros, plantadores de arroz ou pescadores; so-

O toji degusta o saquê, para aperfeiçoar a qualidade deste.

mente no inverno, quando o frio os impede de desenvolver essas atividades, é que eles se dedicam ao preparo do saquê. Os trabalhadores que migram em busca de trabalho são conhecidos no Japão como dekasegui.

Os tojis são verdadeiros especialistas na obtenção do koji e supervisionam o seu desenvolvimento, a temperatura da zona de fermentação, e outros aspectos, garantindo a perfeição nesses processos. Eles também controlam os tanques de fermentação do moromi, no qual o saquê é produzido de fato. Ainda que hoje exista todo um arsenal de aparelhos laboratoriais que efetuam sofisticadas e constantes análises do saquê, são os tojis que sabem como a fermentação está se desenvolvendo e o momento em que se deve passar para a fase da filtragem, isso com base no aspecto da espuma, na quantidade de anidrido carbônico desprendido e na cor e no brilho do líquido.

Tanques de fermentação.

Se constatar que a fermentação não avança na velocidade estabelecida para determinado tipo de saquê, o toji não pensa duas vezes para modificar o processo, variando a temperatura do meio no qual o produto se desenvolve. Ele ainda cuida de tarefas como a lavagem e o umedecimento do arroz, o cozimento a vapor e a filtragem. Além disso, o toji tem grande influência sobre o polimento do grão e o engarrafamento e a conservação do saquê.

Cartaz publicitário de Fulyo Suzuki (1950).

Hoje em dia, existem adegas que preferem contratar bioquímicos especializados para controlar detalhadamente o processo de fabricação do saquê, mas mesmo eles seguem normas estabelecidas há muitos anos, provavelmente por lendários tojis do passado. Apesar da profissionalização, a intuição, a experiência e o amor ao ofício que possuem os tojis tradicionais ainda são incomparáveis na elaboração de um saquê artesanal.

Tipos de saquê

Embora existam muitos tipos de saquê, escolhemos apresentar à pessoa interessada em provar e conhecer essa bebida uma classificação simples e didática, que lhe permita se orientar diante da diversidade de saquês disponível no mercado e que lhe ajude a ler as correspondentes etiquetas, para saber o que está sendo comprado ou degustado.

Até 1992, o governo do Japão havia estabelecido três categorias da bebida: saquês de segunda classe; saquês de primeira classe; e saquês de classe especial. No momento da sua fabricação, todo saquê, a princípio, era considerado de segunda classe. Se o fabricante quisesse subir de categoria, deveria mandar amostras da bebida para o Ministério da Fazenda do Japão, para que uma degustação fosse realizada por vários especialistas, os quais determinavam se o saquê passaria para uma categoria superior ou não. Essa classificação demandava o pagamento de numerosas taxas, o que fazia que o método gerasse diversas desconfianças.

Na atualidade, existem leis muito precisas de classificação e definição do saquê. De acordo com uma primeira definição, muito restrita, o saquê é uma bebida fermentada que só pode conter arroz, água e koji e que, uma vez filtrada para se separarem as partículas sólidas das líquidas, através de uma tela ou rede, resulta em um líquido claro transparente.

A segunda definição, mais ampla, define o saquê como uma bebida fermentada, elaborada com arroz, água, koji, kosu (resíduos sólidos que remanescem depois de se prensar o saquê em uma tela) e qualquer outro produto que seja aceito por lei (leveduras, álcool, ácido láctico, etc.). Como se pode ver, essa é uma definição mais ampla, e é nela que se baseiam quase todas as marcas de saquê hoje em dia.

Em geral, os saquês se dividem em dois grandes grupos: no primeiro, estão aqueles que receberam acréscimo de álcool; no segundo, os que contêm exclusivamente álcool gerado no próprio processo de fermentação.

Os futsuu-shu, saquês de preço baixo, produzidos em alta escala, estão no primeiro grupo: eles contêm grande quantidade de álcool acrescentado – o que otimiza o rendimento da produção industrial – e representam uma elevada porcentagem do consumo total de saquê anualmente.

Em outra categoria estão os saquês aos quais se adicionam quantidades moderadas de álcool. Esses saquês são chamados de honjozo-shu, ginjo-shu ou daiginjo-shu, de acordo com o grau de polimento e de moagem dos grãos de arroz. A palavra japonesa *shu* quer dizer "saquê", "álcool", "licor" ou "bebida alcoólica"; os termos honjozo, ginjo e daiginjo indicam a especificidade de cada uma dessas variedades da bebida.

Os saquês que têm na sua composição apenas o álcool obtido na fermentação se chamam junmai-shu, junmai ginjo-shu ou junmai daiginjo-shu, diferenciando-se pelos diferentes graus de moagem ou de polimento do arroz.

Nos honjozo-shu e junmai-shu, o grão de arroz é polido até que o núcleo atinja 70%, no máximo, do seu tamanho original. Os chamados tokubetsu junmai ou tokubetsu honjozo se referem a saquês cuja manufatura é mais cuidadosa, mas não podem ser considerados como variedades distintas.

Os saquês ginjo-shu e junmai ginjo-shu são provenientes de núcleos polidos até que fiquem com 60% do seu diâmetro inicial.

Nos elegantes daiginjo-shu e junmai daiginjo-shu, o grau de polimento do arroz é de até 50%.

Obviamente, essas porcentagens são as mínimas exigidas; as grandes marcas as ultrapassam bastante, não sendo difícil encontrar exclusivos daiginjo ou junmai daiginjo com graus de polimento superiores a 70% e núcleos com 25% a 35% do seu tamanho original.

Os saquês honjozo, junmai, ginjo, junmai-ginjo, daiginjo e junmai-daiginjo são qualificados como tokutei meishoshu, ou "de designação especial". Também é possível encontrá-los sob a denominação *premium sake* ("saquê premium"). No entanto, abundam outras qualificações – como super-ginjo ou "de fermentação especial" (*specially brewed*, ou SB) – que não passam de nomes comerciais, não tendo nenhuma relação com os métodos oficiais da qualificação do saquê.

O termo namazake indica que o saquê não é pasteurizado. Naturalmente, qualquer uma das variedades mencionadas pode ou não ser namazake, dependendo do processo pelo qual passam. Quase todos os saquês vendidos são pasteurizados. A pasteurização, como foi dito, é feita pelo menos duas vezes – a primeira, logo depois da fermentação, e a segunda, depois do período de maturação.

Os namazakes devem ser mantidos em ambiente fresco, não podendo sofrer oscilação de temperatura em nenhum momento, pois são muito menos estáveis do que os saquês pasteurizados.

Os saquês namazakes são muito mais autênticos, sinceros e saborosos do que os pasteurizados, e as gamas de sabores e aromas que aqueles oferecem são incomparáveis. Eles se dividem em nama-nama ou hon-nama (ambos saquês não pasteurizados.

O nama-chozo é pasteurizado uma só vez, após o período de maturação e pouco antes de a bebida ser engarrafada. Já o nama-zume é pasteurizado logo depois da fermentação, e a operação não é repetida.

Os nigori-zakes são saquês turvos, dos quais não foram extraídas todas as partículas sólidas. A sua aparência leitosa e opalescente os torna bastante atrativos. Não é comum encontrar designação especial dentro dessa variedade, mas ela agrada a muitos amantes do bom saquê porque permite apreciar notas adocicadas do koji e sabores muito característicos da variedade de arroz utilizada na fabricação da bebida. A textura cremosa e aveludada dos nigori-zakes os torna ideais para serem tomados ligeiramente gelados.

O taruzake (saquê de barril) é deixado para envelhecer em um barril ou uma barrica, o que faz a fragrância da madeira se unir à da bebida.

O akai sake é um saquê rosado; a sua coloração se deve a um koji especial. Recentemente, por meio de experimentos, obteve-se um saquê espumoso, com borbulhas de anidrido carbônico que lembram as do champanhe.

O termo jizake designa o saquê elaborado em quantidades reduzidas, em pequenas kuras, quase exclusivamente destinado ao consumo local e que não chega ao grande público.

Também é possível classificar os saquês, segundo o método de fermentação, como yamahai-shikomi e kimoto.

É praticamente impossível diferenciar um saquê obtido de acordo com as normas de fermentação tradicionais de outro elaborado com os mesmos ingredientes, mas fabricado com métodos mais modernos. Talvez alguns poucos especialistas no mundo todo – talvez já sabendo de antemão o que lhes será pedido – possam encontrar sutis diferenças entre um e outro, mas sinceramente é muito difícil que, na degustação de um único saquê, se possa determinar o método utilizado na sua fabricação.

O saquê yamahai-shikomi surgiu no começo do século XX, quando o senhor Kinichiro Kagi, do Instituto Nacional de Estudos da Fermentação, percebeu que o árduo trabalho dos funcionários (kurabitos) de moer e bater o arroz fervido, o koji e a água com grandes varas de madeira em forma de remo, a fim de obter o moto (iniciador de levedura), podia ser eliminado com a adição de uma pequena quantidade de água e o aumento, em alguns graus, da temperatura do local, pois isso permite que se chegue ao mesmo moto apenas pela ação das enzimas do koji e da levedura.

Com esse novo método, a clássica imagem dos funcionários da adega em sua fatigante tarefa, reproduzida em uma infinidade de quadros e gravuras, passou a fazer parte do passado. Atualmente, o trabalho está nas mãos de técnicos de laboratório, que controlam e organizam pelo computador todo o processo de fermentação de determinada produção, após efetuarem algumas análises de rotina, por meio das quais determinam os tempos e demais variáveis de cada etapa.

Elaboração de saquê: cena de um filme publicitário de 1931.

Arroz sendo batido com varas em forma de remo.

No nome desse tipo de saquê (yamahai-shikomi) estão as chaves da sua elaboração: yama-oroshi hai-shi significa precisamente "o trabalho duro acabou"; shikomi designa o tanque de fermentação.

Outra característica do método yamahai-shikomi é a adição de uma pequena quantidade de ácido láctico sintético no começo da produção do moto. Esse moto, chamado em japonês de sokujo-moto ("iniciador de desenvolvimento rápido") evita a proliferação de floras bacterianas não desejadas e permite que a levedura atue de forma mais veloz e potente.

Em contraposição, o saquê do tipo kimoto é elaborado de acordo com todas as regras tradicionais, sem adições ou variações substanciais. Hoje em dia, a única diferença na fabricação dessa variedade de saquê em relação ao método do passado é a utilização de máquinas para remover e moer o moto, em substituição ao árduo trabalho manual dos sofridos kurabitos.

Notas de degustação

O saquê, assim como o vinho, o azeite, a água e outras bebidas, pode e deve ser provado, saboreado. Por meio da degustação, faz-se uma análise sensorial que determina, segundo certas normas, quais são as principais características organolépticas da bebida.

A degustação pode ser:

- **Comparativa**, na qual se pretende comparar diferentes saquês; ela pode envolver apenas variedades de uma mesma província ou zona de produção, ou saquês de todas as províncias ou zonas.
- **Varietal**, na qual são analisados diferentes saquês obtidos a partir da mesma variedade de arroz.
- **Às cegas**, na qual deliberadamente se oculta a marca ou algum dado da etiqueta.

Como o saquê não envelhece bem, não se costuma fazer a degustação vertical, isto é, a degustação de safras diferentes do mesmo saquê.

Para que a degustação seja correta, a mesa deve estar coberta com toalha branca e o ambiente bem iluminado; além disso, deve-se usar a cuspideira, recipiente no qual se descarta o saquê, e taças em forma de tulipa, de cristal fino, incolor e transparente. As tacinhas de cerâmica, ou choco, apesar de revelarem a transparência do saquê, não são os utensílios ideais para a degustação, por causa dos círculos azuis da sua base.

Também se deve levar em consideração o estado físico da pessoa que efetua a degustação. Um degustador resfriado, ou que tenha comido há pouco tempo, ou que esteja usando um perfume forte, para listar apenas algumas hipóteses, não perceberá corretamente todas as propriedades do saquê.

O local da degustação precisa reunir as condições adequadas: deve estar bem ventilado, não pode conter odores, deve ser iluminado com luz branca e preferencialmente pintado de branco. A sua temperatura deve ser de aproximadamente 20 °C, e a umidade, de 60% a 80%.

A degustação se inicia com a análise visual do produto: o saquê é vertido na taça até encher um terço dela e, então, agitado suavemente, para que se observe se ele possui algum tipo de sedimento. Não se pode esquecer que, no caso de muitos saquês, a transparência é sinônimo de pureza e qualidade. Na sequência, a taça é colocada contra a luz para se observar a vivacidade da bebida, o seu brilho ou, pelo contrário, a sua opacidade ou opalescência (propriedade desejada quando se trata de saquês pouco filtrados, como os

Diferentes tipos de saquê preparados para uma degustação.

nigori-zakes). A uniformidade do seu aspecto também é sinal de boa elaboração. A cor é apreciada apenas nos taruzakes (saquês de barril), nos koshus (saquês envelhecidos) ou no raro akai sake, que é rosado.

Então, a taça é agitada novamente e colocada contra a luz, para se observar a formação de gotículas em suas paredes, o que dá uma ideia da graduação alcoólica do líquido.

O passo seguinte, talvez o mais importante, é a análise de aromas, pois determina as propriedades mais significativas de um bom saquê. Primeiro, cheira-se diretamente a boca da taça, o que revela alguns aromas primários; depois, agita-se suavemente a bebida, segurando a taça pela base, para que o saquê se expanda, se abra, e, através do contato com o ar, seja possível descobrir todos os segredos dele.

Em duas fases, essa primeira sensação olfativa oferece uma nota da intensidade do aroma e permite qualificar o saquê como intenso, expressivo, aberto, aromático, ou, pelo contrário, fraco, neutro, fechado.

A segunda sensação do olfato é captada depois do primeiro gole e se chama, em japonês, fukumi-ka.

O saquê ainda tem um terceiro sinal aromático, conhecido como modori-ka, reconhecido ao se respirar paralelamente à percepção do retrogosto.

Essas três sensações levam à identificação dos traços aromáticos. Se eles forem bem fáceis de serem notados, eles são identificados de acordo com esse aroma: jasmim, rosa, avelã, tangerina, iogurte, lichia, etc. Se a identificação não for tão nítida, eles são agrupados em famílias aromáticas: cítricos, minerais, tostados, de madeira, e outros.

Por último, analisa-se o gosto da bebida ou, mais exatamente, as sensações que ela provoca na boca. Para que isso seja feito com precisão, o saquê deve estar em uma temperatura adequada – ela não pode ser menor do que 9 °C nem maior do que 40 °C. Toma-se um gole diretamente da taça, e a bebida é deslizada repetidamente pela língua e "apertada" contra o palato. Com a ponta da língua, percebem-se as sensações doces ou secas e também a graduação alcoólica, que produz uma sensação ardente e doce, proporcional ao seu nível. Nas laterais da língua, são observadas as notas ácidas e de frescor do saquê. Na parte posterior, são registrados os sabores amargos e adstringentes. O saquê é finalmente engolido ou cuspido, e os sabores que permanecem na boca – ou seja, o retrogosto – definem a sua persistência e a sua intensidade.

Originalmente, os japoneses classificavam os seus saquês somente em amakuchi (doce) ou karakuchi (seco). Hoje, eles são classificados em cinco qualidades de sabor básicas, ou go-mi:

- **ama-mi**: doçura;
- **kara-mi**: secura;
- **san-mi**: acidez;
- **niga-mi**: amargor;
- **shibu-mi**: adstringência.

A essas cinco qualidades de sabor, acrescentou-se recentemente o uma-mi ("saborosidade"), termo de difícil definição.

Com relação à classificação doce-seco, os japoneses utilizam graduações que vão de −5 a +10, informadas nas etiquetas. Quanto mais baixo o valor, mais doce será o saquê; quanto mais alto, mais seco.

A acidez é igualmente indicada por números que vão de 0,8 a 1,7, equivalentes à quantidade (em mililitros) de álcali necessária para neutralizar 10 mililitros de saquê. Quanto maior for o número, maior será a acidez da bebida. A sensação ácida que a bebida provoca na boca não é necessariamente proporcional à acidez dela, pois depende também de outros fatores, como doçura ou harmonia.

Todas essas regras que tentam resumir e concentrar as propriedades e os sabores de um saquê servem apenas para dar uma ideia superficial desse mundo misterioso e apaixonante. Sem uma análise profunda das quase quatrocentas notas que já foram identificadas em degustações, nunca se saberá com precisão se um saquê é equilibrado, harmonioso, elegante ou complexo.

A seguir serão apresentadas as principais características dos diferentes tipos de saquê.

- **Honjozo-shu**: leves, fáceis, perfumados e adequados para serem tomados quentes ou à temperatura ambiente. Eles têm certa doçura, baixa acidez e bom retrogosto.
- **Junmai-shu**: mais secos e menos complexos do que os honjozo-shu, mas ganham em elegância e em determinadas notas aromáticas de tipo primário.
- **Ginjo-shu** e **daiginjo-shu**: especialmente complexos, maduros e delicados, com notas aromáticas cheias de sensações florais e frutais. O seu retrogosto é escasso, deixando uma sensação de frescor e limpidez na boca.
- **Junmai ginjo-shu** e **junmai daiginjo-shu**: são, talvez, os saquês de maior presença, mais complexos e mais equilibrados. Neles pode-se descobrir todas as maravilhosas propriedades que essa excepcional bebida contém.

O ato de servir saquê

A primeira pergunta sobre o modo correto de servir saquê é se ele deve estar frio ou quente. E a resposta mais óbvia é que ele deve ser tomado quente no inverno e frio no verão. Mas é preciso acrescentar que é melhor tomar quentes os saquês de baixa qualidade (os futsuu-shu) e frios os saquês nobres (ginjo e daiginjo-shu).

Como mostra a história, tradicionalmente, o saquê era consumido quente. Ele é uma das poucas bebidas alcoólicas do mundo que se pode consumir assim. Mas, antigamente, o hábito de consumi-lo dessa maneira estava relacionado, entre outras coisas, com o fato de que, nos métodos ancestrais de elaboração do saquê, utilizavam-se tinas de fermentação fabricadas em madeira de cedro e guardava-se a bebida em tonéis ou barricas do mesmo material. Ao se esquentar o saquê, os aromas e sabores demasiadamente fortes eram disfarçados, ao mesmo tempo que as suas notas amadeiradas eram intensificadas.

Ainda existem os taruzakes, que gozam de muita popularidade entre os apaixonados pelo bom saquê e cujos melhores exemplos devem o seu incomparável aroma ao cedro de Yoshino, na província de Nara. Alguns, como os tarazume-sakes, são vendidos nas típicas barricas de madeira de cedro, de vários litros, envolvidas em bonitos papéis e amarradas com cordas; esses tarazume-sakes são consumidos em celebrações e eventos especiais. Os taruzakes-bizume são saquês que maturam em barris de madeira, mas são vendidos em garrafas de vidro.

Foi durante a Segunda Guerra Mundial que o consumo de saquê quente se popularizou, porque, nessa época, por causa da escassez de alguns ingredientes, o saquê era áspero, forte e adocicado; se tomado quente, ele ficava muito mais apreciável.

Entretanto, nos últimos trinta ou quarenta anos, as técnicas de fabricação de saquê melhoraram bastante com o aperfeiçoamento do polimento do arroz, a introdução das tinas de fermentação de aço inoxidável e o engarrafamento da bebida em recipientes de vidro. Dessa forma, hoje, são elaborados saquês especialmente perfumados, finos e elegantes, e normalmente se evita tomá-los em altas temperaturas, porque elas colocam em risco algumas características organolépticas obtidas com muito custo.

Contudo, não existe nenhuma regra estabelecida para servir saquê. O mesmo saquê pode ser tomado em diferentes temperaturas, de acordo com o prato que acompanha, o momento do dia em que é consumido, a temperatura da estação ou, principalmente, o gosto pessoal do consumidor.

Para tomar o saquê quente ou morno (o que em japonês se chama atsukan), é preciso colocá-lo em banho-maria – e nunca diretamente no fogão ou no micro-ondas –, sem ultrapassar os 50 °C. Para servi-lo frio (o chamado hiyazake), deve-se colocá-lo dentro de uma vasilha com água e gelo. Mas não deixe o saquê gelado, pois perderia muitas notas de aroma e sabor.

Dois tipos de tokkury para o serviço tradicional do saquê.
Foto: Gekkeikan Okura Museum

O saquê deve ser servido por um acompanhante ou pelo profissional encarregado de servir as bebidas; nunca se pode encher a própria taça, que deve ser segurada com a mão direita e repousada sobre a mão esquerda.

O recipiente de serviço tradicional é uma garrafa de cerâmica chamada tokkuri; a bebida é vertida em pequenas taças conhecidas como choko ou ochoko, que costumam ter na base interior algumas circunferências ou círculos concêntricos e de cor azul, que possibilitam comprovar a transparência do saquê. Há lugares nos quais o saquê é retirado de grandes tonéis de madeira, o taru, e servido, com uma concha, em copo quadrado, também de madeira, que recebe o nome de masu.

O saquê tem íntimas conotações religiosas para os japoneses, o que se vê principalmente nas cerimônias de purificação – há certo paralelismo entre o uso do saquê nessas cerimônias e o uso do vinho na liturgia católica. Hoje em dia, em alguns rituais xintoístas e em vários eventos e celebrações, abrem-se grandes tonéis de um saquê cerimonial, chamado iwai-zake, que é distribuído entre os participantes.

No Ano Novo japonês, tanto os jovens quanto os mais velhos consomem um saquê especial, conhecido como toso, que contém pós medicinais dissolvidos, os quais são provenientes da China.

Saquê e gastronomia

O saquê pode ser tomado sozinho, como aperitivo ou como bebida entre as refeições, sendo degustado e desfrutado assim como um bom vinho ou uma excelente cerveja. Ao relacioná-lo com a gastronomia, nós devemos harmonizá-lo com a comida e, como acontece com os vinhos, conciliar os pratos com a bebida mais adequada.

Foi comprovado que, no Japão, cada saquê é o melhor acompanhamento para a culinária da região onde essa variedade da bebida é feita. Assim, os saquês da gelada ilha de Hokkaido – situada no extremo norte do arquipélago nipônico e cuja gastronomia se baseia em pescados do Ártico, como o salmão-do-pacífico, com os quais se preparam receitas tais como a famosa sopa de missô (chamada sambei-jiru), o ikasomen e o chanchan-yaki – são muito puros, quase sem cor, com aromas florais e sabores que nos fazem lembrar do chá-

-verde e do jasmim e que harmonizam perfeitamente com esses pratos. Já a ilha de Shikoku, situada no extremo sudeste do país, berço de saborosas sopas de pescado feitas com macarrão udon, como a sanuki udon, e do sawachi ryori, o paradigma dos pratos de sushi e sashimi, possui alguns saquês fabricados quase que exclusivamente com arroz da variedade oseto, que confere a eles algumas nuanças minerais e saborosas, com toques florais e de amêndoas amargas, ligeiramente ácidos, com reminiscências de casca de mexerica e lima.

Como o vinho, o saquê é adequado ao acompanhamento da maioria das comidas, sejam asiáticas ou não, em qualquer ocasião. Uma questão importante diz respeito à variedade de saquê mais apropriada para o tipo de cozinha. Deixando de lado a regra universal de que apenas o gosto pessoal pode determinar qual é o saquê ideal para um prato específico, há algumas normas muito gerais que podem ajudar na questão.

Por exemplo, os saquês doces são muito bons para acompanhar aperitivos, petiscos e entradas, salgados ou picantes, assim como para o *foie* e certos queijos muito difíceis de harmonizar.

Os saquês mais secos combinam melhor com pratos de marisco ou pescados brancos.

Os saquês ácidos – cuja acidez sempre será infinitamente menor e mais sutil do que a de um vinho – são ideais para suavizar a presença de gorduras em empanados ou certos pescados, como o salmão, o robalo e os pescados azuis.

Os saquês muito frutados, como alguns daiginjo, são ideais para serem degustados sozinhos, como aperitivo, pois conflitam claramente com qualquer prato bem estruturado,

As comidas muito elaboradas devem ser acompanhadas por saquês simples.

embora os saquês que possuem toques frutados muito sutis sejam bons companheiros para saladas e pescados suaves.

Os pratos que têm muita personalidade ou são muito elaborados devem ser acompanhados por saquês mais simples e elegantes. Os saquês mais complexos e amplos realçam a simplicidade de certas preparações culinárias.

Os saquês mais leves e frescos combinam perfeitamente com pratos de pescado cru, em especial com aqueles que levam na sua composição o excelente e sutil vinagre de arroz. Os saquês mais maduros, equilibrados, redondos e potentes, conhecidos como koku, são companheiros ideais para carnes e aves.

A sedosidade de alguns saquês – aqueles que envolvem suavemente o paladar e a garganta, dando uma sensação de bem-estar – os torna ideais para ressaltar grandes produções culinárias, sem roubar a cena.

Os saquês mais ágeis, jovens e incisivos, ao estimularem regiões mais sensíveis da boca e do aparelho olfativo, são os mais adequados para acompanhar receitas picantes e condimentadas.

Existe uma propriedade organoléptica chamada umami, palavra que não tem uma tradução exata, mas que se refere a uma comida ou a uma bebida especialmente saborosa. Os alimentos podem ser umami ou não. Um bom presunto ibérico, um queijo manchego envelhecido ou camarões-rosa de Palamós, na Espanha, seriam considerados umami por um japonês. Porém, o umami não é especialmente desejável no caso do saquê, pois uma personalidade muito acentuada o deixaria excessivamente potente e, consequentemente, difícil de harmonizar com qualquer comida.

Conservação do saquê

Para apreciar as características organolépticas do saquê, é preciso degustá-lo logo após a sua fabricação e o seu engarrafamento, da mesma forma que a Manzanilla ou, em menor medida, o cava,* pois são bebidas frisantes que não ganham com o envelhecimento em garrafa.

Um bom saquê vai perdendo propriedades com o passar do tempo. Por isso, o koshu (saquê envelhecido), além de ser muito caro e difícil de ser encontrado, não tem destaque; normalmente, ele é degustado por pessoas especialistas de saquê, interessadas em conhecer os efeitos do passar do tempo sobre a bebida. Comprar um koshu seria como pagar uma fortuna por uma garrafa de cerveja fabricada há várias déca-

---

* Manzanilla é uma variedade de vinho jerez fino, originado de Sanlúcar de Barrameda, Espanha. Cava é o termo que os espumantes espanhóis são conhecidos. (N.T.)

Marcas de saquê estampadas com ferro em brasa.
Foto: Gekkeikan Okura Museum

das, achando que ela é melhor do que uma cerveja recém-produzida da mesma marca. Mas há apreciadores de saquê envelhecido.

Antigamente, as classes mais abastadas bebiam saquês envelhecidos por três ou cinco anos, mas só porque eles eram muito caros; as pessoas simples tomavam saquê recém-produzido.

No final do século XIX, as adegas de saquê foram obrigadas a pagar altos impostos para financiar as guerras contra a Rússia e a China. Como a arrecadação fiscal era feita quando o saquê ainda estava sendo fabricado, os donos das adegas perdiam o interesse em envelhecê-los, pois teriam de esperar três ou cinco anos até que pudessem vendê-los. Talvez isso tenha contribuído para incentivar a comercialização do saquê logo após a sua fabricação, desestimulando o desenvolvimento de técnicas de envelhecimento.

Atualmente, o termo koshu se refere ao saquê envelhecido "acidentalmente" (talvez porque não tenha sido vendido rapidamente), em contraposição ao saquê fresco, recém-elaborado, conhecido como shinshu. Já o saquê envelhecido em condições controladas, algo que está começando a ganhar espaço, é conhecido como choki jukusei-shu. Ainda assim, os saquês envelhecidos em adegas por um período superior a três anos são minoria absoluta dentro da produção anual da bebida e podem ser considerados uma extravagância.

As considerações feitas a respeito da cor, da transparência, do brilho, do aroma e do sabor do saquê se tornam muito relativas no caso dos envelhecidos, pois os parâmetros de qualidade deles nem sempre são iguais aos do saquê convencional. As kuras de saquê envelhecido costumam amadurecer a bebida em grandes contêineres, os quais são mantidos a baixas temperaturas, para que ela, além de conservar na medida do possível as suas características mais apreciadas, não perca as suas referências de cor, transparência e brilho, ao mesmo tempo que ganhe consistência e certas notas que lhe confiram uma complexidade maior do que a do saquê original. São exceções as kuras que envelhecem os saquês em garrafas ou vasilhas tradicionais, conservadas a temperaturas altas controladas, o que resulta em cores escuras e sabores e aromas completamente diferenciados.

É possível manter um saquê em uma tina, à temperatura de congelamento, durante dez anos, sendo quase impossível diferenciar o produto final do original. De outra forma, um saquê guardado durante três anos em uma vasilha e à temperatura ambiente pode dar um líquido licoroso, que, pelo seu aspecto, lembra mais o vinagre de Módena do que um saquê propriamente – e as suas notas de sabor certamente serão completamente diferentes das notas do saquê que originou esse koshu.

Alguns bodegueiros deixam os seus saquês em grandes tinas e sob baixa temperatura durante vários anos, para depois engarrafá-los e guardá-los por mais alguns anos. Essas garrafas costumam ser etiquetadas com a identificação "koshu de 3 anos" ou "koshu de 5 anos", embora a palavra genérica jukusei, que quer dizer "envelhecido" ou "maduro", também seja muito comum para designá-los.

Os saquês de baixa graduação alcoólica não costumam envelhecer bem; já aqueles que possuem mais álcool dão alguns koshus interessantes às vezes.

Ao comprar um saquê em garrafa, é melhor consumi-lo o quanto antes. Se não for aberta logo, a garrafa deve ser armazenada em baixa temperatura e protegida da luz, embora cada um possa fazer as experiências caseiras de envelhecimento que lhe convierem.

Verifique, na etiqueta, o ano de fabricação do saquê, sem esquecer as características da cultura japonesa. Os japo-

Antonio Campins Chaler

Cartaz publicitário de aproximadamente 1930. Na garrafa, o ano de fabricação é mostrado da maneira clássica.

Muitos cartazes publicitários do século XX foram criados por artistas famosos, como este, por exemplo, feito por Tomimaro Higuchi, em 1956.

neses não utilizam o mesmo calendário que os ocidentais: a etiqueta se refere sempre ao reinado do imperador vigente no momento em que a bebida foi fabricada; assim, "Heisei 20" quer dizer que o saquê foi fabricado em 2008 (vigésimo ano da Era Heisei), e "Heisei 17" indica um koshu fabricado em 2005.

É preciso acrescentar que, como os saquês são fabricados na primavera ou no outono e o ano de produção começa em 1º de outubro, o ano se estende, por exemplo, de acordo com as estações do ano do Hemisfério Norte, do outono do ano 19 até a primavera do ano 20, o que pode gerar uma confusão considerável. Felizmente, o departamento ministerial responsável regulou a questão das datas ao criar o *brewing year* (BY), ou "ano de fabricação": as etiquetas nas quais se lê 19BY ou BY19 se referem a saquês fabricados entre o outono de 2007 e a primavera de 2008.

Não se pode cair na armadilha de comparar a cultura do saquê com a do vinho; no caso do vinho, as técnicas de envelhecimento em barrica ou em garrafa melhoram ostensivamente os resultados finais, gerando algumas safras fabulosas. Quanto ao saquê, é mais importante distinguir entre os diferentes tipos e estilos regionais. Posteriormente, até poderemos fazer experiências com saquês envelhecidos, mas só para experimentar.

Principais adegas de saquê no Japão

A principal finalidade deste livro é divulgar a cultura do saquê para o maior número possível de pessoas. Ele não tem a finalidade de ser um guia detalhado de todas as adegas, separadas por províncias, com todas as suas marcas, notas de degustação e outros dados. Por isso, serão listadas, em ordem alfabética, apenas as adegas mais importantes e as minhas preferidas, confiando que isso seja suficiente para introduzir o leitor no mundo dessa extraordinária bebida.

AKASHI SAKE BREWERY
9-48 Funage-cho, Akashi-shi, Hyogo 673-0026
Telefone: (81) 78-923-2727
E-mail: trade@akashi-tai.com
Site: www.akashi-tai.com

Toji: Murao Yuichi

PRINCIPAIS RÓTULOS

Akashi-tai Junmaidaiginjo. Ganhador de muitos prêmios no Japão.
Genmai Yamadanishiki Akashi-tai 2002. Elaborado com arroz moreno quase sem polimento.
Honjozo Genshu Akashi-tai. É um bom expoente dos honjozo saquês.

ASAMAI SHUZO

388 Asamai, Hiraka-machi, Yokote City, Akita 013-0105
Telefone: (81) 182-24-1030
E-mail: info@amanoto.co.jp
Toji: Moriya Koishi

PRINCIPAL RÓTULO

Ama no To sake. Na sua elaboração, usam-se instrumentos feitos de madeiras velhas e de acordo com técnicas ancestrais.

CHIYONOSONO SHUZO

1782 Yamaga, Yamaga-shi, Kumamoto 861-0501
Telefone: (81) 968-43-2161
E-mail: info@chiyonosono.co.jp
Site: www.chiyonosono.co.jp
Toji: Yoshihiro Inaba

PRINCIPAIS RÓTULOS

Garden of Eternety. É um junmai daiginjo especialmente elegante e cheio de aromas e complexidade.
Sacred Power. Esse saquê do tipo junmai ginjo ganhou muitas premiações nos últimos anos; ele é ideal para ser degustado em uma refeição formal.

DAISICHI SAKE BREWERY
1-66 Takeda, Nihonmatsu-shi, Fukushima 964-0992
Telefone: (81) 243-23-0007
E-mail: info@daishichi.com
Site: www.daishichi.com
Toji: Takanobu Sato

PRINCIPAIS RÓTULOS

Houreki-daishichi. É um junmai daiginjo-shu obtido por gotejamento, sem prensagem do moromi.
Myoka-rangyoku. Elegante saquê, com características similares ao anterior.
Minowamon. Foi o primeiro saquê produzido com uma nova técnica de polimento de arroz, desenvolvida pela própria fábrica.
Makasura. Saquê especialmente doce e sedoso.

DEWAZAKURA SAKE BREWERY
1-4-6 Hitoichimachi, Tendo-shi, Yamagata 994-0044
Telefone: (81) 23-653-5121
E-mail: dwz@dewazakura.co.jp
Site: www.dewazakura.co.jp

PRINCIPAIS RÓTULOS

Dewazakura Ikkou. É um saquê junmai muito seco e com uma agradável acidez.
Dewazakura karesansui.Saquê envelhecido por três anos, mas transparente e sutil, sem toques amadeirados ou defumados; ele é ideal para grandes eventos gastronômicos.
Dewazakura Ouka. Um excelente saquê ginjo muito floral e frutado, com notas de pera madura e melão.

DOI SHUZO
633 Onuki Daito, Ogasa Gun, Shizuoka 437-1407
Telefone: (81) 537-74-2006
E-mail: doisake@plum.ocn.ne.jp
Site: www.kaiunsake.com
Toji: Shokichi Hase

PRINCIPAIS RÓTULOS

Takatenjin. Saquê da variedade junmai ginjo. Conserva todo o sabor do arroz usado na sua elaboração e possui certas notas minerais e boa harmonia.

GEKKEIKAN SAKE
247 Minamihama-cho, Fushimi-Ku, Kyoto 612-8660
Telefone: (81) 75-623-2050
E-mail: customer@gekkeikan.co.jp
Site: www.gekkeikan.co.jp

PRINCIPAIS RÓTULOS

Gekkeikan "Horin". Saquê junmai daiginjo muito recomendável, ganhador dos mais altos prêmios em concursos dos Estados Unidos e do Japão.
Gekkeikan "Haiku". Com um marcado sabor maçã, este é um saquê elegante e que combina com os mais diversos tipos de gastronomia.
Gekkeikan "De Luxe". Saquê da variedade junmai, muito equilibrado e cheio de toda classe de aromas e sabores de frutas e flores.

HAKKAISAN SAKE BREWERY
1051 Nagamori, Minamiuonuma-shi, Niigara 949-7112
Telefone: (81) 25-775-3121
E-mail: kurosawa@hakkaisan.co.jp

HAKUTSURU SAKE BREWING
Nada, Hyogo
Telefone: (81) 78-841-8332
E-mail: exports@hakutsuru.co.jp
Site: www.hakutsuru-sake.com

PRINCIPAIS RÓTULOS

Sayuri. É um nigoro-sake (saquê não filtrado) que, com muita presença de arroz e ligeiramente doce, pode servir tanto como acompanhamento de sobremesa quanto como aperitivo, embora a sua graduação alcoólica seja baixa.
Sho-Une. Este saquê junmai daiginjo é a estrela da adega; muito premiado, ele pode ser definido como complexo e elegante.

IINUMA HONZE
106 Mabashi, Sasai-cho, Imba-gun, Chiba
Telefone: (81) 43-496-1001
E-mail: postmaster@iinumahonte.co.jp
Site: www.iinumahonte.co.jp

PRINCIPAIS RÓTULOS

Kinoene Yuu Ga. É um daiginjo especialmente equilibrado e muito valorizado pelos especialistas japoneses, que o premiaram diversas vezes.
Yaemon. Este junmai daiginjo é muito fragrante e aromático, o que o torna muito apropriado para ser degustado sozinho.
Gin Kara. Saquê ginjo muito saboroso e elegante.

IMADA SHUZO
3734 Mitsu Akitsucho, Toyoda-gun, Hiroshima 729-2402
Telefone: (81) 8464-5-2402
E-mail: fukucho@triton.ocn.ne.jp
Site: www4.ocn.ne.jp/-fukucho

PRINCIPAL RÓTULO
Fukucho. Saquê do tipo junmai ginjo muito puro, suave e agradável de beber.

KOSHINOISO
5-8-25 Omi-ya, Fukui-shi, Fukui 910-0016
Telefone: (81) 776-22-7711
Site: www.j-brewery.com
PRINCIPAL RÓTULO
Ichigo Ichie. Grande junmai daiginjo, premiado em inúmeros concursos.

MIYASHITA SAKE BREWERY
184 Nishigawara, Okayama-shi, Okayama 703-8258
Telefone: (81) 86-272-5594
E-mail: info@msb.co.jp
PRINCIPAIS RÓTULOS
Daiginjo Kiwamihijiri. Saquê muito agradável, ideal para acompanhar pratos japoneses de pescado cru.
The Okayama Gorakuen Tri-centennial Anniversary Ginjo "Yuishin". Saquê muito valorizado entre os especialistas do Japão; ele tem aromas florais, destacando-se a magnólia e o jasmim.
Kiwamihijiri Ginjo Omachimai. Esse saquê é muito saboroso e pode ser servido quente, para acompanhar o sukiyaki e massas.

MOMOKAWA BREWING
Kamiakedo 112, Mamoishi-machi, Kamikitagun
Aomori 039-2293
Telefone: (81) 178-52-2241

E-mail: info@momokawa.co.jp
Site: www.momokawa.co.jp
Toji: Yoshio Koizumi

PRINCIPAIS RÓTULOS

Momokawa Daiginjo. Saquê muito completo e saboroso. Fácil de beber e harmoniza com todos os tipos de comida.
Nebuta Junmaidaiginjo. Este saquê seco e equilibrado tem muito corpo, além de notas de frutas maduras e especiarias.
Sugidama. Saquê junmai ligeiramente ácido e muito incisivo; ele acompanha perfeitamente pescados e mariscos.

NAMBU BIJIN

13 Kamimachi, Fukuoka, Ninoche-shi, Iwate 028-6101
Telefone: (81) 195-23-3133
E-mail: sake@nanbubijin.co.jp
Toji: Hajime Yamaguchi

PRINCIPAL RÓTULO

All Koji Sake. O arroz utilizado na elaboração deste saquê único contém o fungo koji-kin desde o seu cultivo e, assim, incorpora-o de forma totalmente natural.

OBATA SHUZO

449 Manoshinmachi, Sado-shi, Niigata 952-0318
Telefone: (81) 259-55-3171
E-mail: bigblue@viola.ocn.ne.jp
Site: www.obata-shuzo.com

PRINCIPAIS RÓTULOS

Manotsuro Maho. Este é um dos saquês daiginjo mais premiados do Japão. Apresenta notas minerais picantes, como de pimenta e melão maduro, e possui um excelente retrogosto.

Manotsuro Four Diamonds. Saquê do tipo junmai ginjo bastante floral e expressivo; ele harmoniza muito bem com refogados de peixe e pratos com molho.

OKUNOMATSU SHUZO
Choumei 69, Nihonmatsu-shi, Fukushima 964-0866
Telefone: (81) 243-22-21-2153
Site: www.okunomatsu.co.jp

PRINCIPAIS RÓTULOS
Okunomatsu Junmai Daiginjo. Este saquê recebeu as mais altas qualificações em diferentes concursos no Japão.
Okunomatsu Tokubetsu Junmai Namachozo. É preciso apenas duas palavras para qualificar este saquê: seda pura.
Okunomatsu Sakusaku Karakuchi. Embora seja um futsuu--shu, este saquê é muito digno e merece destaque.

SHIRATAKI SAKE BREWERY
2640 Yuzawa, Yuzawa-machi, Minamiuonuma-gun
Niigata 949-6101
Telefone: (81) 25-784-3443
E-mail: minatoya@jozen.co.jp
Site: www.jozen.co.jp

PRINCIPAL RÓTULO
Ginjo Jozen Mizuno Gotoshi. Saquê ginjo. Combina perfeitamente com mariscos crus, como ostra.

SUN MASAMUNE[*]
29-32 Cassola Place, Penrith NSW 2750, Austrália
Telefone: (61) 2-4732-2833

---

[*] Apesar de estar localizada na Austrália, a marca Sun Masamune exporta praticamente 90% de sua produção de saquê para o Japão. (N. T.)

E-mail: goshu@sun-masamune.com.au
Site: www.sun-masamune.com.au
Toji: Tsuyoshi Imoto e Irofumi Ochiyama
PRINCIPAIS RÓTULOS
Go-Shu Nama. Junmai sake ligeiramente doce, o seu grau alcoólico o torna especialmente apropriado para acompanhar uma refeição.
Go-shu 40. Elegante junmai daiginjo, ele triunfou nos mais famosos restaurantes de comida japonesa da Austrália, pois pode ser servido tanto frio quanto morno.

TAKASAGO SHUZO
17 Miyashita-dori, Asahikwa-shi, Hokkaido 070-0030
Telefone: (81) 166-23-2251
E-mail: info@takasago-sake.co.jp
Site: www.takasago-sake.co.jp
Toji: Tokujiro Sasaki
PRINCIPAIS RÓTULOS
Ginga Shisuku "Divine Droplets". Este junmai daiginjo-shu é fabricado dentro de um iglu; ele obteve o reconhecimento máximo por parte dos especialistas degustadores japoneses.
Tokubetsu Junmai "Morning Glow". Saquê extraordinário, leve e equilibrado.

TANAKA SAKE BREWERY
1655 Furu-machi, Oohara-cho, Aida-gun, Okayama 707-0412
Telefone: (81) 868-78-2059
E-mail: info@musashinosato.com
PRINCIPAIS RÓTULOS
Musashi no Sato Junmaidaiginjo. Este saquê é a menina dos olhos da adega; seco e elegante, ele combina bem com tudo.

Musashi no Sato Daiginjo. Apresenta fortes reminiscências do cereal usado na sua produção, o que faz notar a sua casta e demonstra que o seu processo de elaboração é excelente. *Musashi no Sato Yamahaimotojikomi Junmaishu*. Saquê muito saboroso e maduro, vai bem com qualquer tipo de comida.

TATSUUMA-HONKE BREWING
2-10, Tateishi-cho, Hyogo 662-8510
Telefone: (81) 798-32-2725
E-mail: international@hakushika.co.jp

UMENISHIKI YAMAKAWA
14 Kanada-cho, Kanagawa, Kawanoe-shi, Ehine 799-0194
Telefone: (81) 896-58-1211
E-mail: sake@umenishiki.com
Site: www.umenishiki.com
Toji: Fukuhei Yamane
PRINCIPAL RÓTULO
Umenishiki Junmai Ginjo. Saquê maduro, completo e de grande presença.

O saquê no mundo

Em restaurantes (não só de culinária japonesa) de muitos países, a oferta de cartas de saquês começa a se tornar algo habitual e muito na moda, inclusive com a recomendação da bebida por especialistas *sommeliers*. Também tem se tornado mais frequente a oferta de marcas de saquê nas lojas dedicadas à venda de vinhos e bebidas alcoólicas; em alguns países, já existem empresas especializadas na venda e divulgação do saquê. E não é raro encontrar *pubs* e bares nos quais diferentes marcas e tipos de saquê são servidos e degustados quase que exclusivamente.

Depois do Japão, os Estados Unidos são o país com maior conhecimento sobre o saquê, e, por consequência, aí há uma grande demanda dessa elegante bebida. Isso se deve, por um lado, à grande colônia japonesa que reside no país, e, por outro, aos longos anos de presença militar dos estadunidenses no Japão, o que permitiu aos norte-americanos adquirir em primeira mão conhecimentos da gastronomia japonesa que demoraram muito tempo para chegar a outros países ocidentais.

Nos Estados Unidos, existem numerosas associações destinadas a divulgar e promover o saquê, a sua cultura e o seu consumo. Algumas kuras japonesas de grande prestígio abriram fábricas no país e passaram a produzir a bebida para o consumo local, que aumenta a cada dia.

Em muitas cidades norte-americanas, como Nova York e São Francisco, há lojas especializadas em saquê e outros produtos japoneses, nas quais podem ser encontradas várias marcas dessa bebida, inclusive algumas muito exclusivas. Também existem *pubs* e bares dedicados quase que inteiramente ao saquê.

Na internet, é possível encontrar diversas páginas dedicadas ao saquê que são extraordinárias e muito didáticas. Entre os especialistas dessa bebida, encontra-se aquele que, em minha opinião, é, mundialmente falando, a autoridade máxima no assunto: John Gauntner. Ele é gastrônomo, autor de muitos livros sobre saquê, editor de um *site* sobre o saquê no Japão e realiza seminários e cursos de degustação nos Estados Unidos.

O saquê também ganhou destaque na Austrália. Assim como já ocorreu com os vinhos locais, existem no país saquês elaborados com níveis tão altos de qualidade que são, inclusive, exportados em grande quantidade para o Japão, onde recebem o reconhecimento e a admiração de muitos especialistas e renomados comentaristas gastronômicos. Isso

Degustando o saquê durante o jantar, em publicidade da Gekkeikan, de 1931.

não se deve apenas à utilização de técnicas próprias muito desenvolvidas e aperfeiçoadas, mas também ao emprego de uma excelente variedade de arroz para a produção da bebida.

Já foi mencionado que há pessoas que acreditam que o saquê se originou nos arrozais das margens do rio Yang-tsé, na China, e que uma bebida muito parecida com o saquê, o mi jiu, teve grande popularidade no país por volta de 800 a.C. Atualmente, a China fabrica bebidas fermentadas de arroz que se parecem muito com o saquê. Entre elas, está o shoko-shu, que é uma espécie de saquê âmbar aromatizado com ervas.

A Tailândia e a Coreia também elaboram bebidas parecidas com o saquê, as quais são conhecidas como saquê tailandês e saquê coreano. Mas, nos dois países, o saquê é principalmente utilizado como base para destilados de alta graduação, chamados de soju, na Coreia, e de thaibev, na Tailândia.

Alguns países das Américas nos quais existem grandes colônias japonesas também alcançaram um bom conhecimento sobre o mundo do saquê. No México, há degustações e concursos de saquês, além de interessantes seminários sobre o tema. No Peru, há um saquê original, aromatizado com casca de laranja. A Argentina, país sempre interessado nas últimas tendências gastronômicas, conta com um bom número de bares especializados em saquê. No Brasil, bares preparam uma deliciosa caipirinha de saquê.

Na Europa, há uma boa oferta na Grã-Bretanha, com várias lojas especializadas, nas quais são encontradas muitas marcas e variedades de saquê. Na França, é possível provar saquês muito exclusivos, e com frequência são feitas degustações e apresentações. Na Espanha, a cultura do saquê ainda está dando os primeiros passos, e os excelentes donos de estabelecimentos culinários japoneses têm se esforçado para divulgá-la. Em breve, a cozinha espanhola, com a inquietude pioneira e inovadora que vem demonstrando desde inícios dos anos 1990, deve transformar o saboroso, delicado e magnífico saquê em uma moderna e interessante alternativa ao vinho e a outras bebidas.

Outras bebidas alcoólicas japonesas

No Japão, há um destilado chamado shochu, com graduação alcoólica que varia entre 25% e 45%. Ele é fabricado a partir de diferentes matérias-primas que possuem alto teor de açúcares, ou de hidratos de carbono capazes de se converter em açúcares. Os shochus mais populares são elaborados com batata, batata-doce, arroz e até mesmo castanhas.

Diferente do que ocorre com o saquê, a fabricação e a posterior conservação do shochu não requerem um clima específico nem baixas temperaturas. Assim, a destilação e a distribuição desse licor são mais fáceis, o que contribuiu para que ele se difundisse e ganhasse popularidade.

Dependendo da matéria-prima utilizada, assim como da técnica de destilação empregada, obtêm-se shochus com personalidades muito diferenciadas, exatamente como acontece com os destilados mais famosos do mundo ocidental, entre eles o conhaque, o uísque e o rum.

O método de destilação japonês otso-rui, ou honkaku, que é usado desde o século XIV, caracteriza-se por sua simplicidade e pelo emprego de uma única matéria-prima (sem qualquer mistura), cujas características podem ser percebidas com muita nitidez no shochu obtido, de grande pureza.

O método kou-rui permite que se façam várias destilações e que se utilize mais de uma matéria-prima. Dessa forma, obtém-se um álcool uniforme, embora sem grande personalidade, mas útil para a produção de bebidas populares combinadas, os chu-hi, ou para ser degustado como um destilado fácil e agradável. Costuma-se dizer que, por causa das sucessivas destilações dos ingredientes fermentados, o álcool produzido por meio do kou-rui é muito puro, o que evita as ressacas.

Se a matéria-prima utilizada na obtenção do shochu for cana-de-açúcar ou algum tipo de fruta que contenha naturalmente açúcares capazes de fermentar e de se transformar em álcool, o licor resultante se associa direta e exclusivamente com as propriedades organolépticas dessa matéria-prima. Já se a matéria-prima for formada por cereais ou batata, que não têm açúcar, mas amido, deve-se executar o método do koji para transformar o amido em açúcar antes da fermentação alcoólica. Esse método consiste na adição do fungo koji-kin, que, de acordo com a matéria-prima ou a critério do fabricante, pode ser branco, amarelo ou preto, o que influencia bastante no produto final.

Variedade de produtos em cartaz publicitário dos anos 1920.

Embora o shochu possa ser combinado com sucos de frutas, água tônica ou bebidas à base de cola, os puristas preferem bebê-lo puro, em uma taça de conhaque, com alguns cubos de gelo, ou, então, com um pouco de água. Há também uma curiosa maneira de tomar a bebida: o oyuwari consiste em acrescentar ao shochu um jato de água quente, que libera uma parte do seu álcool e o deixa "aberto", tornando mais evidentes o seu aroma e o seu sabor.

O berço do shochu é a província de Kagoshima, na ilha de Kyushu, a única província do Japão que não produz saquê. Sabe-se que a palavra shochu foi usada pela primeira vez nessa região por causa de uma gravura sobre madeira feita por um carpinteiro de meados do século XIX. O shochu de batata-doce de Kagoshima é famoso e é um dos mais apreciados do Japão.

Outra bebida destilada muito popular no Japão é o awamori, palavra que traduzida literalmente quer dizer "espuma flutuante" ou "espuma por cima". Acredita-se que esse nome foi dado em razão da grande quantidade de espuma que era produzida durante a sua fermentação; no entanto, há quem afirme que o nome se deve ao fato de que os antigos destiladores vertiam um fino jato do líquido em um pequeno receptáculo, e a espuma formada era analisada para se saber a graduação alcoólica da bebida.

O awamori é típico de Okinawa. Dizem que, no seu processo de fabricação, há influências indonésias, chinesas, coreanas e tailandesas. Porém a sua origem é tão antiga que fica difícil comprovar isso.

A matéria-prima usada na fabricação do awamori é o arroz. Ele é fermentado com um fungo especial, o qual produz uma descomunal quantidade de ácido cítrico, o que, mais tarde, dará o sabor característico da bebida. Esta é destilada uma única vez, obtendo-se um licor com alta graduação alcoólica; então, acrescenta-se água até que ela alcance um nível de graduação de 20% a 30% – embora existam alguns awamoris de 40% ou mais.

Barris de saquê em frente ao Palácio Imperial de Kyoto.

O arroz empregado na fabricação do awamori é do tipo longo, que até hoje é importado da Tailândia, e não o arroz de grão curto, da variedade japonesa, utilizado na produção do saquê.

A principal diferença entre o awamori e o shochu é que este pode ser obtido a partir de diversos ingredientes, entre eles o arroz longo, enquanto aquele é produzido unicamente a partir desse tipo de arroz. Além disso, o fungo e a levedura utilizados na fabricação do awamori são muito característicos.

Depois da Segunda Guerra Mundial, durante a ocupação norte-americana no Japão, que durou até 1972, as bebidas mais consumidas na ilha de Okinawa eram o bourbon e o uísque. Contudo, os japoneses voltaram as suas origens; hoje, a destilação do awamori está em crescente expansão, e ele virou a principal bebida.

O awamori é um licor que envelhece muito bem. Amadurecido, ele recebe o nome de kusu. Como acontece com os outros destilados, o processo de envelhecimento diminui as asperezas, apura o sabor e torna a bebida mais plena e saborosa. A degustação de um awamori de 10 ou 20 anos é uma experiência inesquecível.

Sabe-se que, antigamente, o melhor awamori envelhecido era degustado em ocasiões muito específicas, servido em pequenos e delicados dedais chamados de *saka-jiki*, nos quais mal cabe um gole de licor.

É muito curioso o método de envelhecimento do awamori, o shitsugi. Nele, uma série de grandes jarras são organizadas de acordo com a idade do kusu. Quando uma quantidade do kusu mais velho é retirada da última jarra, o espaço que sobra é preenchido com o kusu da jarra seguinte, o segundo mais velho. Já a primeira jarra, que contém o kusu mais novo, é preenchida com o destilado recém-fabricado. Por isso, quando nós lemos em uma etiqueta de awamori a palavra "kusu", devemos entender que pelo menos 51% daquela bebida é composto de licor envelhecido e que o restante é composto de licor recém-destilado. Entretanto, não é raro encontrar marcas que ofereçem kusu com 100% de awamori amadurecido – nesse caso, a idade dele sempre é indicada.

Outra bebida muito popular é o licor umeshu, obtido por meio da destilação do suco fermentado da ameixa tipo ume. Existe um umeshu especial, o qual é elaborado macerando-se longamente as ameixas no saquê.

Processos bioquímicos na obtenção do saquê

Não existem processos bioquímicos que poderiam ser listados nas etapas de moagem, lavagem e umedecimento do saquê. Mas, na obtenção do koji, a bioquímica adquire grande importância, pois ela resulta nas complexas transformações que ocorrem no núcleo do arroz.

Neste capítulo será dada uma explicação didática, pois a descrição completa do processo em termos bioquímicos, além de tediosa, seria inacessível para quem não tem ampla formação em química e biologia.

As bactérias presentes nas diferentes fases do processo de obtenção do saquê são: na fase do koji, o *Aspergillus oryzae*; na produção do moto (iniciador-potencializador da fermentação), o *Lactobacillus sakei*, o *Leuconostoc mesenteroides* var.

sake e o *Saccharomyces sake*; já na etapa do moromi, o *Aspergillus oryzae* e o *Saccharomyces sake* voltam a ser os responsáveis pelas transformações que acontecem no interior do grão. Antes de dar início à produção do saquê propriamente dita, esses micro-organismos convertem determinados elementos químicos presentes no arroz em novos componentes, os metabolitos, encontrados em diferentes proporções na bebida resultante. Os metabolitos são fundamentais, pois determinam o sabor e o aroma finais do saquê.

O mais importante dos metabolitos (porque resulta em sabor e aroma agradáveis) é o álcool etílico, ou etanol, que está presente no saquê sempre em uma proporção de 15% a 20%.

Anúncio impresso, cerca de 1921.

Depois, uma série de ácidos orgânicos, como o succínico, o málico, o cítrico e o acético, proporcionam ao saquê toques sutis de acidez, percebidos nas laterais da zona média da língua.

No processo, também são gerados outros tipos de álcool: o isoamílico, o propanol, o 2-fenil etanol e o isobutanol, responsáveis por muitos dos aromas e, em menor medida, pelos interessantes sabores característicos da bebida.

Também estão presentes no saquê ésteres como o etil--acetato, o etil-caproato, o isoamil-acetato e o glicerol (responsável pela suavidade), que conferem à bebida as características organolépticas percebidas na degustação.

Todos os metabolitos citados estão presentes também no processo de produção do vinho ou da cerveja; o elemento químico diferenciador, responsável pela singularidade do sabor do saquê, é o etil-leucinato.

O ácido láctico age como guardião diante das bactérias indesejáveis presentes no ar, tanto na fase do moto quanto na do moromi; além disso, é ele que determina o grau de acidez do produto final, o qual é mencionado na garrafa.

Ademais, o ácido láctico produz dois submetabolitos. Um deles é justamente o etil-leucinato, o responsável pelo sabor característico do saquê. Ele é proveniente da ação do *Aspergillus oryzae* e da levedura sobre a leucina presente no grão de arroz. A leucina, por sua vez, transforma-se em ácido leucínico, abrindo passagem para o etil-leucinato. O outro submetabolito produzido pelo ácido láctico é o fenil-etanol, responsável pelos maravilhosos aromas florais do saquê, especialmente o de rosas; ele é obtido pela ação do *Saccharomyces sake*, que age sobre a fenilalanina presente no meio.

Nem todos os metabolitos gerados durante o processo de fabricação do saquê são desejáveis. Alguns não são provocados; outros produzem sabores e odores desagradáveis e são particularmente detestáveis. Muitas das técnicas bioquímicas modernas presentes na produção industrial do saquê, que pretendem encontrar novas e mais sofisticadas cepas de levedura, para o que fazem uso dos mais recentes avanços da engenharia genética, têm por objetivo eliminar esses metabolitos indesejáveis, entre os quais cabe destacar os aminoácidos, a ureia e o etil-carbamato.

Glossário

Akai sake: variedade de saquê rosado.
Ama-mi: qualidade de sabor básico, equiparável à doçura.
Amakuchi: saquê doce.
Amazake: edulcorante natural japonês, obtido sob a ação do koji-kin.
Arabashiri: saquê obtido apenas por gotejamento, sem prensagem.
Assakuki: moderna prensa para saquê a qual tem forma de sanfona.
Atsukan: saquê servido quente.
Awamori: destilado japonês elaborado com arroz tailandês de grão longo.

Brewery: em inglês, quer dizer cervejaria, mas também é usada para designar as adegas que elaboram saquê.

Choco ou **ochoko**: pequenos copos de cerâmica que costumam ter desenhos de círculos azuis na parte de baixo do seu interior e nos quais o saquê era tradicionalmente servido.
Choki jukusei-shu: saquê maduro e de qualidade obtido por meio de envelhecimento controlado.
Chu-hi: mistura ou coquetel elaborado com algum destilado japonês e refrigerante.

Daiginjo ou **daiginjo-shu**: saquê de qualidade obtido a partir de arroz com polimento de, no mínimo, 50% da sua parte externa e ao qual se adiciona álcool.
Dekasegui: trabalhadores que migram em busca de trabalho, como a migração dos tojis.
Dewa san san: variedade de arroz para saquê.

Fukumi-ka: designa a sensação olfativa que se obtém depois do primeiro gole em uma degustação.
Funes: caixas de madeira nas quais se colocam sacos de algodão cheios de moromi, para filtrá-lo.
Futsuu-shu ou **futsu-shu**: saquê comum, ordinário, e barato; o arroz usado para a sua obtenção é polido rapidamente, e ao futsuu-shu final se adiciona uma boa quantidade de álcool.

Geshu nama muroka: saquê não pasteurizado, filtrado ou diluído.
Ginjo ou **ginjo-shu**: saquê de boa qualidade obtido a partir de arroz com polimento de, no mínimo, 40% da sua parte externa e ao qual se adicionou álcool.
Gogyakumangoku: variedade de arroz para saquê.

Go-mi: refere-se às cinco qualidades de sabor básicas percebidas em uma degustação de saquê: doçura, secura, acidez, amargor e adstringência (recentemente, outra foi acrescentada: o umami).

Hatta nishiki: variedade de arroz para saquê.
Heiko fukukakoshiki: fermentação múltipla e paralela. Esse tipo de fermentação alcoólica só é usado na obtenção do saquê.
Hi-ire: pasteurização.
Hiyazake: saquê servido frio.
Hon-nama: refere-se ao saquê que não tenha sido pasteurizado.
Honjozo ou **honjozo-shu**: saquê de boa qualidade obtido de arroz com polimento de, no mínimo, 30% da sua parte externa e ao qual se adicionou álcool.
Honkaku ou **otso-rui**: método de destilação japonês usado para a obtenção do shochu.

Iwai-zake: saquê cerimonial.

Jizake: saquê fabricado em quantidades reduzidas pelas pequenas adegas; ele é muito procurado e apreciado.
Jomai: operação de cozinhar a vapor os grãos de arroz devidamente polidos e umedecidos.
Joso: operação de prensagem do moromi.
Jukusei: adjetivo que quer dizer "velho" ou "maduro" e que se aplica aos bons saquês envelhecidos.
Junmai ou **Junmai-shu**: saquê de qualidade obtido a partir de arroz com polimento de, no mínimo, 30% da sua parte externa e ao qual não se adicionou álcool.

Junmai daiginjo ou **junmai daiginjo-shu**: saquê de boa qualidade obtido de arroz com polimento de, no mínimo, 50% da sua parte externa e ao qual não se adicionou álcool.

Junmai ginjo ou **junmai ginjo-shu**: saquê de qualidade obtido de arroz com polimento de, no mínimo, 40% da sua parte externa e ao qual não se adicionou álcool.

Kame nº 0: variedade de arroz para saquê.
Kara-mi: qualidade de sabor básica, equiparável à secura e contraposta à doçura.
Karakuchi: saquê seco.
Kimoto: método ortodoxo de fermentação do saquê.
Koji: arroz cozido a vapor, com o fungo koji-kin.
Koji-kin: fungo do tipo *Aspergillus oryzae*, que transforma o amido do arroz ou de outros cereais em açúcares fermentáveis.
Koji-zukuri: operação de infectar com koji-kin o arroz cozido, para se obter o koji.
Koshiki: tinas ou grandes recipientes nos quais se efetua a fermentação do arroz.
Koshu: saquê amadurecido ou envelhecido.
Kosu: sólidos do arroz presentes no moromi.
Kosui: traduzido literalmente, significa "água dura".
Kou-rui: método japonês de destilação por meio do qual se obtém o shochu.
Kuchikame no sake: traduzido literalmente, significa "saquê mastigado"; refere-se ao saquê que era elaborado mastigando-se o arroz, para que as enzimas da saliva transformassem o amido em açúcar.
Kura: adegas ou fábricas de saquê.

Kurabito: funcionário ou trabalhador da adega.
Kuramoto: proprietário de uma adega.
Kusu: pote de barro no qual o awamori é envelhecido.

Masu: pequeno copo de madeira, normalmente quadrado, no qual o saquê era tradicionalmente servido.
Mi jiu: bebida alcoólica de arroz proveniente da China, muito parecida com o saquê e que foi bastante popular no século VIII a.c.
Missô: pasta de soja fermentada, obtida graças ao koji-kin; ela é muito utilizada na elaboração de sopas japonesas.
Miyama nishiki: variedade de arroz para saquê.
Modori-ka: sensação olfativa percebida paralelamente ao retrogosto.
Moromi: mingau composto de arroz cozido e água, ao qual se acrescenta koji e moto; é dele que se obtém o saquê.
Moto ou **shubo**: iniciador da fermentação; ele é composto de arroz cozido, água, koji, levedura e, às vezes, ácido láctico.
Muro: recinto no qual o koji é elaborado.
Muroka: saquê não filtrado.
Mushimai: operação de cozinhar a vapor os grãos de arroz já polidos e umedecidos.

Nakadare ou **nakagume**: saquê obtido em uma primeira prensagem, ao se aplicar uma leve pressão.
Nama-chozo: designa o saquê pasteurizado uma única vez, depois do tempo de maturação e antes do engarrafamento.
Nama-nama: designa o saquê que nunca foi pasteurizado.
Nama-zume: designa o saquê que foi pasteurizado uma única vez, logo depois da fermentação.

Namazake: saquê não pasteurizado.
Nansui: literalmente, "água mole".
Niga-mi: qualidade de sabor básica, equiparável ao amargor.
Nigori-zake: saquê turvo ou opalescente, do qual não foram filtradas todas as partículas sólidas.
Nihon-shu: quer dizer "álcool japonês" e designa o saquê, entre outras bebidas alcoólicas.
Nuka: pó residual ou subproduto proveniente da moagem do arroz.

Omachi: variedade de arroz para saquê.
Oseto: variedade de arroz para saquê.
Oyuwari: mistura de aguardente japonesa com água quente.

Roka: operação de filtragem do saquê.
Ryuha: escola em que se formam os tojis.

Saka-jiki: copinhos em forma de dedal utilizados especialmente para beber licores fortes ou destilados.
San-mi: qualidade de sabor básica, equiparável à acidez.
Sandan shikomi: processo de adição de arroz cozido, koji e água ao moromi, o qual dura quatro dias.
Seikiku: operação de inserir koji-kin no arroz cozido, para se obter o koji.
Seimai: operação de moagem ou de polimento do arroz, a qual retira uma fração da parte externa do grão.
Seimaki: máquina para moer ou polir o arroz.
Seishu: nome oficial e técnico do saquê no Japão.
Seme: saquê obtido a partir de uma prensagem mais forte nas funes.

Shibu-mi: qualidade de sabor básica, equiparável à adstringência.
Shinseki: operação que consiste em umedecer com água os grãos de arroz já polidos.
Shinshu: saquê fresco, recém-fabricado.
Shitsugi: método de envelhecimento do awamori.
Shochu: destilado japonês elaborado a partir de diferentes ingredientes, como cereais, batatas, cana-de-açúcar e vários outros alimentos.
Shoko-shu: variedade chinesa de saquê.
Soju: destilado coreano de arroz.
Sokujo-moto: iniciador rápido da fermentação ao qual se acrescentou ácido láctico.

Tamakazae: variedade de arroz para saquê.
Taru: tonéis de madeira, geralmente de cedro, nos quais o saquê era armazenado e de onde ele era servido, usando-se uma concha de madeira ou bambu.
Taruzake: saquê envelhecido ou amadurecido em barril ou barrica de madeira.
Taruzake-bizume: saquê envelhecido em barrica de madeira e posteriormente engarrafado.
Tarazume-sake: saquê vendido em grandes barricas de madeira de cedro.
Thaibev: destilado tailandês de arroz.
Toji: mestre elaborador de saquê; ele é a alma da adega e equivale ao enólogo.
Tokkuri: garrafa de cerâmica na qual o saquê era tradicionalmente servido.

Tokubetsu: qualificativo que, acompanhado de honjozo ou junmai, indica que a elaboração desses saquês é mais cuidadosa.

Tokutei meishoshu: saquês de designação especial; em inglês, eles são conhecidos como *premium sake* (saquê premium).

Toso: saquê servido no Ano Novo japonês e que costuma conter alguns pós medicinais chineses dissolvidos.

Tsuyoi mizu: quer dizer "água forte" ou "água dura".

Umami: refere-se a alimentos especialmente saborosos; é um termo de difícil tradução.

Umeshu: vinho ou licor japonês elaborado com ameixas.

Yabuta: marca comercial muito famosa de assakuki.

Yamada nishiki: variedade de arroz para saquê.

Yamahai shikomi: tipo de fermentação que adiciona uma quantidade de água superior ao método tradicional e à temperatura ambiente elevada.

Yowai mizu: quer dizer "água fraca" ou "água mole".

Bibliografia

AOKI, Rocky. *Sake: Water from Heaven*. Nova York: Universe Publishing, 2003.

FROST, Griffith. *Sake Pure & Simple*. Berkeley: Stone Bridge Press, 1999.

GAUNTNER, John. *The Sake Handbook*. Clarendon: Tuttle Publishing, 1998.

_____. *The Sake Companion*. Filadélfia: Running Press, 2000.

_____ & YORIMITSU, Akihiro. *Nihonshu No Umai Otona No Izakaya*. Tóquio: Ebisu kosho Shuppan, 2005.

HARPER, Philip. *The Insider's Guide to Sake*. Tóquio: Kodansha, 1998.

_____ & MATSUZAKI, Haruo. *The Book of Sake: a Connoisseur's Guide*. Tóquio: Kodansha, 2006.

TIMKEN, Beau & DESERAN, Sara. *Sake, a Modern Guide*. São Francisco: Chronicle Books, 2006.

Agradecimentos

Agradeço ao grande especialista em saquê John Gauntner, por ter me incentivado a me aprofundar no mundo dessa excepcional bebida.

Também agradeço a Wakana Omija, da fábrica de saquê Akashi, e a Susumu Hamabe, das adegas Tatsuuma-Honke, que me mantiveram amplamente informado sobre o saquê.

Gostaria de fazer um agradecimento especial a Sharon K. Teach, diretora do departamento internacional das prestigiosas adegas Gekkeikan, pela orientação no conhecimento de algumas nuanças do saquê e por ter me enviado as fotos que serviram para ilustrar o livro.

Agradeço ainda a Simón Colomer, da empresa distribuidora de bebidas alcoólicas Colomer Casas, de Paterna, Espanha, que me ajudou a conseguir interessantes dados sobre as adegas de saquê.

Por sua amável colaboração, eu quero agradecer também ao amigo do Gaspar, d. José Miguel Serrano, da empresa Cominport, pioneira na importação de produtos gastronômicos e culturais japoneses de alta qualidade, que são distribuídos por suas lojas, em Madri e Barcelona.

Não posso deixar de mencionar o respaldo e o apoio que me deram os meus amigos Gaspar Rey, gastrônomo e editor da revista espanhola *Cocina Futuro*, e Joan Solé, da Solé Graells, empresa sem precedentes no mundo dos produtos gastronômicos de vanguarda.

Também quero registrar a inestimável colaboração que recebi de Yoshi Yamashita, do grupo Yamashita de Barcelona.

Por fim, agradeço especialmente a compreensão e a ajuda de Ana Saura, do grupo Sakura-Ya, e de Icho de Barcelona, *chef* especializada em culinária japonesa que já há muitos anos vem promovendo na Espanha a cultura japonesa e, particularmente, a cultura do saquê.